乡村振兴战略下职业院校产教融合研究

刘 旺 ◎ 著

吉林出版集团股份有限公司

版权所有　侵权必究

图书在版编目（CIP）数据

乡村振兴战略下职业院校产教融合研究 / 刘旺著
. — 长春：吉林出版集团股份有限公司，2023.8
ISBN 978-7-5731-4012-8

Ⅰ.①乡… Ⅱ.①刘… Ⅲ.①职业教育－产学合作－研究－中国 Ⅳ.①G719.2

中国国家版本馆 CIP 数据核字（2023）第 150600 号

乡村振兴战略下职业院校产教融合研究
XIANGCUN ZHENXING ZHANLÜE XIA ZHIYE YUANXIAO CHANJIAO RONGHE YANJIU

著　　者	刘　旺
出版策划	崔文辉
责任编辑	侯　帅
封面设计	文　一
出　　版	吉林出版集团股份有限公司
	（长春市福祉大路 5788 号，邮政编码：130118）
发　　行	吉林出版集团译文图书经营有限公司
	(http://shop34896900.taobao.com)
电　　话	总编办：0431-81629909　营销部：0431-81629880/81629900
印　　刷	廊坊市广阳区九洲印刷厂
开　　本	710mm×1000mm　1/16
字　　数	236 千字
印　　张	11
版　　次	2023 年 8 月第 1 版
印　　次	2023 年 8 月第 1 次印刷
书　　号	ISBN 978-7-5731-4012-8
定　　价	78.00 元

如发现印装质量问题，影响阅读，请与印刷厂联系调换。电话：0316-2803040

前　言

　　乡村振兴与产教融合是当前国家提出的发展战略和发展任务。乡村振兴的关键是人才。产教融合是实现校企"双赢"的重要手段和有效途径，是高等职业院校教育价值、社会价值和经济价值的集中体现。高等职业教育是中国经济高速、高质量发展和信息技术高速发展叠加环境下成长起来的高等教育新类型；满足适龄青年进入高校学习并掌握就业技能的需求，是我国高等学校发展的重要动力。

　　本书首先介绍了乡村振兴的理论基础、乡村的生态价值以及农业应用型人才培养，其次讲到了产教融合的内涵及其思想发展、职业教育中的产教融合因素，再次讲述了高校产教融合的发展和实践途径，最后提到了产教融合实训基地的"双师型"教师团队建设。本书涉及面广，实用性强，兼具理论与实际应用价值，可供相关教育工作者学习、参考。

　　笔者在编写本书过程中借鉴了一些专家学者的研究成果和资料，在此特向他们表示感谢。由于编写时间仓促，编写水平有限，不足之处在所难免，恳请专家和广大读者提出宝贵意见，予以批评指正，以便改进。

目　录

第一章　乡村的生态价值……1

第一节　乡村自然生态系统与资源的价值……1

第二节　高效有机循环农业生产的价值……7

第三节　乡村对生态修复及生态多样性的保护价值……11

第四节　"天人合一"理念在乡村发展中的价值……16

第二章　农业应用型人才培养……28

第一节　基本概念和类型……28

第二节　基本理论……33

第三节　农业应用型人才培养的历史和现状……36

第四节　农业应用型人才培养的原则……43

第五节　高等农业教育助力乡村振兴的服务体系……46

第三章　产教融合的内涵及其思想发展……52

第一节　产教融合的两个层次……52

第二节　产教融合的概念界定……53

第三节　产教融合的基本特征……54

第四节　产教融合思想的形成和发展……58

第五节　产教融合的三个要素……64

第四章　职业教育中的产教融合因素……68

第一节　技术与颠覆中的职业教育……68

第二节　国际化与传播中的职业教育……75

第三节　多元化与变革中的职业教育……77

第五章 高职院校产教融合的发展 ······ 86

第一节 高职院校产教融合发展现状 ······ 86
第二节 高职院校产教融合存在的问题 ······ 104
第三节 产教融合发展的路径的必要性分析 ······ 117

第六章 产教融合实训基地的"双师型"教师团队建设 ······ 122

第一节 高职院校实训基地概念 ······ 125
第二节 域外、域内高职院校实训基地建设现状 ······ 127
第三节 高职院校实训基地建设的若干要素 ······ 138
第四节 实训基地对"双师型"教师团队建设的赋能 ······ 156

参考文献 ······ 168

第一章 乡村的生态价值

第一节 乡村自然生态系统与资源的价值

理解乡村生态特点，要从乡村生态系统结构分析入手。乡村生态系统是以乡村为基础，以农村人群为核心，伴生生物为主要生物群落，建筑设施为重要栖息环境的人工生态系统。乡村生态系统不仅包括庭院生态系统、农业生产系统、非农产业生态系统，还包括聚落内人口所构成的社会系统和人类活动，以及人类活动所涉及的自然生态系统。

我们认为乡村的生态系统是一个完整的复合生态系统，它以乡村地域为空间载体，将乡村的自然环境、经济环境和社会环境通过物质循环、能量流动、信息传递等机制，综合作用于农民的生产和生活。因此，乡村的生态系统结构相应包含三个子系统：自然生态系统、经济生态系统和社会生态系统。这三个子系统有着各自的结构和运行方式，但它们并不是相互独立的，而是彼此交织、相辅相成的，共同维持着村落生态系统的稳定运行。以下我们对自然子系统和相关资源进行介绍。

一、自然生态系统

乡村存在于大自然中，坐落于绿水青山之中，每个生活在其中的人都可以感受自然的气息，这里有人工种植的各类作物、蔬菜、瓜果，还有数不清的野花和野草；有人工饲养的鸡、鸭、鹅、猪、马、牛、羊，还有人们叫不出名字的鸟类和野生动物。在乡村，人们可以近距离地接触到肥沃的土壤、清澈的河水和多样的地形，乡村就是这样一个生物与环境协同共生的系统。

（一）生物

乡村自然子系统中的生物，在生态学意义上包括生产者、消费者和分解者。乡村农田里种植的农作物及自然荒野中生长的各类植物是乡村生态系统的重要生产者，它们不仅为乡村提供物质和能量，以维持经济子系统和社会子系统的正常运行，还起着调节气候、涵养水源、保持水土、净化空气等作用，改善了乡村的生态环境。

乡村中的消费者包括食草（植物）动物，如牛、羊、马、驴、兔等牲畜，鸡、鸭、鹅等家禽，以及鸟类；还包括食肉动物，如农民家养的狗、猫，一些野生动物如狐狸、黄鼠狼等。当然，这些动物并非都是以单一类生物为主要营养来源，很多都是杂食性的。

分解者是指细菌、真菌，以及一些无脊椎动物，如蚯蚓、螨虫等。在乡村生态系统中，分解者对乡村生态环境起到重要的净化、还原作用，以维持乡村生态环境的更新，防止乡村生态污染。

生产者、消费者和分解者在乡村自然子系统中，每个都是不可或缺的：生产者为消费者提供物质和能量，消费者是分解者最主要的营养来源，而分解者通过对消费者的有机分解为生产者提供必要的生命支撑。因此，它们紧密结合、相互依赖，共同构成了乡村生态的循环形式，不仅维持了自然子系统自身的正常运动，同时也为经济子系统和社会子系统的稳定提供了必要支持。

（二）自然环境

气候是对乡村的形成和发展影响最为显著的自然环境因素。气温、降水、光照、温度、风等各种气候要素不仅影响乡村的建筑结构和布局，而且直接影响着乡村的自然生态和农业的生产能力、农民的土地利用方式，以及农民的饮食结构、穿衣住行等生活方式。地形地貌不仅影响着乡村的分布、格局和形态，也影响着农民的土地利用方式和乡村的产业构成。受地形地貌的影响，一般山区的村落规模相对较小，并且比较分散，可利用的土地规模有限，常常是生产水果、干果和杂粮的好地方；在平原地区的乡村，可利用的土地数量比较多，土壤条件一般比较好，乡村规模较大，大面积的农田适合种粮食作物。水资源条件对乡村的形成和发展有较大影响。水资源是最直接关乎人类生产和生活的资源之一，特别是对乡村的农业生产来说，其采取何种发展方式在很大程度上要受制于水资源的丰富程度。在乡村的形成和发展过程中，水资源条件是最为重要的环境因素，在干旱半干旱区域，水资源缺乏，乡村分布受到水资源的制约，一般乡村内的居民点比较集中，乡村密度较小，这在北方的乡村表现较为明显。而在水资源丰富的南方平原地区，乡村的分布密度较大，居民点分布比较分散。我国南方的水乡和黄土高原的窑洞，北方的旱作农业与南方的水田，都是适应不同自然环境的结果。

二、乡村的资源

乡村资源是乡村经济系统的基础。由于乡村所处地理位置不同,乡村之间在资源种类和数量上有很大差别,资源的差异性造就了不同类型的乡村生态系统。乡村资源有自然资源和人工资源之分,乡村的人工资源主要指的是乡村中的交通设施、农田水利、房屋建筑等基础设施,这些资源既是乡村经济发展的产物,同时也为乡村经济的发展提供了保障。乡村的自然资源包括土地资源、水资源、生物资源、矿产资源等有形资源。自然资源具有双重性,它既是乡村自然生态子系统的主要部分,也是乡村经济生态子系统的重要构成。

(一)土地与水冻源

土地资源和水资源在乡村中占据着重要地位。土地不仅是农民最基本的生产和生活资料,也是农业不可或缺的载体。从地理渊源上来看,乡村是离土地最近的场所;从农民与土地的关系来看,有"土地是农民的'命根子',农民是土地的'守护神'"之说。因此,乡村与土地有着天然的不可分割的关系,乡村活动中很大一部分是围绕土地进行的,农民的生产、生活无不与土地相关。乡村与土地的这种密切关系也体现出了土地的多重价值,如土地为乡村的农业提供基础,土地为乡村分解污染排放发挥生态功能。由于土地的稀缺性,传统农民十分重视土地的可持续利用,拥有一系列保护和珍惜土地的优良品质,也形成了一套可持续利用土地的技术措施。

水资源是维持乡村农业生产、工业生产和村民生活的不可或缺的经济自然资源,江河、湖泊、池塘、近海是乡村的主要水资源,不同乡村的水资源储存量往往造就了乡村不同的农业发展类型和经济发展方式。

水资源较多的乡村可以栽培水稻,稻米则成为主要粮食。在南方,我们可以看到波光粼粼的水田;而在水资源相对较少的乡村,则要种植小麦、玉米、甘薯等农作物,人们以面粉为主食;在干旱地区则发展旱作农业,或发展经济林;在靠近江河湖海的乡村,则有条件发展水产养殖业,或成为渔村。土地与水资源的丰富程度不同,就产生了不同的乡村形态,所谓"靠山吃山、靠水吃水"。

(二)生物资源

乡村有着较频繁的生物活动。去过乡村的人都能感受到乡村生命的活力,在农家院里,大红冠的公鸡跳上墙头,大白鹅伸长脖子嘎嘎叫,猪圈里的三五头小猪不时制造一阵骚动;在田野里你能看到辛勤劳动的农民、旺盛生长的庄稼,还有各种不知名的花草;在山坡上,野兔偶尔会与你相遇,山鸡不时在你前方鸣叫,树上熟透的野果不经意地落在你脚下……各种生物频繁活动,使得乡村具有较多的生物信息。乡村的生物资源具有种类多、地域性强等特点。在经济属性上,一方面,农业生物资源是农民家庭经济生活的重要依赖,一个农民家庭拥有农业生物资源的多少将影响农民家庭生活的消费支出水平。另一方面,农业生物资源是决定乡村产业结构的重要因素之一,拥有某一种或多种优势农业生物资源的乡村,可以利用这种生物资源发展为相应的农业产业。

(三)乡村能源

新能源革命,正在使乡村焕发出生机勃勃的生态文明。非均衡分布、集中开发、高运输成本的传统能源,导致环境压力的同时,也恶化了生态。相反,具有高度分散性、相对均衡分布的太阳能、风能、地热能、生物能等新能源，越是在人口分布密度低的地方，人均可利用的新能源量越大。新能源的这种特性使农村获得了城市不具备的新优势。

生物质能是来源于太阳能的一种可再生能源，农村的生物质能资源种类很多，主要包括农作物秸秆、人畜粪便、农产品加工副产品和能源作物等几大类。生物质能在农民的生产生活中发挥着重要作用，在一些地区，薪柴和秸秆是农民做饭、取暖的主要能源，在很大程度上解决了农作物副产品的再利用问题，实现了农民生产和生活之间的循环，也减轻了农民能源消费的负担。目前，一些农村通过发展沼气技术实现了对生物能源的深层次利用，不仅为农民的生活和生产提供清洁、成本低、使用方便的新能源，还能恢复和维持乡村的生态循环，实现良好的生态价值。

乡村的自然能源主要包括太阳能、风能、水能等。太阳能在乡村的利用最为普遍，一方面，它是农民田地里的农作物和蔬菜生长所必需的能源，特别是农民的温室大棚使太阳能得以充分利用；另一方面，太阳能在农民生活中的用途也十分广泛，如农民家庭的太阳能热水器、西部地区农村的太阳灶，就是把太阳能转化为热能服务于农民生活的。目前，我国已成为世界上最大的太阳能热水器生产和消费的国家，而我国太阳能热水器90%以上的市场在农村。新能源在农村生活领域的使用，从根本上改变着中国农村的生活方式，预示着新能源经济在农村也具有极大的开发潜力。

第二节　高效有机循环农业生产的价值

一、高效有机循环农业的内涵

循环农业是农业发展的一种新理念，是针对我国人口和资源、环境的现状提出来的新的农业经济增长发展方式。有机农业是指在植物和动物生产过程中不使用化学合成的农药、化肥、生长调节剂、饲料添加剂等物质，不使用离子辐射技术，也不使用基因工程技术及其产物，而是遵循自然规律和生态学原理，采取一系列可持续发展的农业生产技术，协调种植业和养殖业的平衡，维持农业生态系统稳定发展的一种新兴的农业生产方式。因此，高效有机循环农业是指通过高新技术在农业生产经营中的应用，充分整合各种资源在农业生产中的利用，提高资源的利用率并使得农业进一步发展。高效循环农业是我国农业发展至今所提出的一种全新的农业发展策略，是符合我国可持续发展的战略目标和以人为本的生态理念的。

众所周知，乡村的生态循环体现在宏观上，是自然界与乡村的交互过程，农业生产是这一过程的中介或者连接点。如太阳光照以光能的形式维持和促进了农田作物的生长，而农作物收割加工后变成了乡村生活的主要食物和营养能量来源。有了食物和营养能源，乡村才能进行作物栽培、发展养殖业、开展社会交往及文化娱乐活动等。

在微观上，乡村的生态循环一方面实现了乡村环境的净化，另一方面为农业生产提供了源源不断的能量。乡村活动产出的各种废弃物经过乡村的循环，通过一系列物理、化学、生物过程，能够快速被分解，从而避免对乡村环境造成污染。正是有了乡村环境的还原和净化，乡村的生态才更接近自然，人们也才能享受到乡村中的新鲜空气和优美的田园风光。具体地说，乡村的生态循环体现为三个循环：一是种植业内部的循环，如秸秆还田、利用秸秆制作有机肥等。传统农民几乎都掌握了制作有机肥的方法，他们利用作物秸秆、杂草做原料，采用"泥肥""堆肥"等办法来弥补肥料的不足。二是种植业与养殖业之间的循环。种植业和养殖业是农民家庭收入和营养的主要来源，通过农民的家庭生活，种植业与养殖业两者相互为彼此提供物质和能量上的所需，从而实现了乡村物质和能量的交换和平衡。三是农民生产与生活之间的循环。传统农业一切来自土地，又全部回到土地中，是对大自然干扰最小的农业类型。农民从土地上生产的一切都可以得到有效利用，如生产的粮食用作人们的口粮，加工粮食产生的糠、皮、渣子等可用来喂猪、喂鸡；农作物及其秸秆可用来养牛、养羊，而家禽牲畜的排泄物及农民家庭生活产出的垃圾经过农民的处理变成农作物生长所需的宝贵的有机肥料。乡村正是实现这些循环的理想节点。

总之，高效有机循环农业具有以下特点：第一，采用轮作的种植方式有效提高农业的产量。发展高效有机循环农业在耕地的时候一般都是采用粮草间作或者是轮作的方式进行农作物的种植和培育，这样能够避免重茬种植作物带来农作物产量下降的现象。第二，高效有机循环农业是充分利用农村各种生物资源进行农作物的生产。高效有机循环农业生产过程中经常结合农村现有的资源来提高农业生产的效率，如将秸秆粉或者是动物粪便当作原料来种植食用菌或者养殖蚯蚓，还可以将生活污水进行发酵，当作农作物的有机肥料。第三，高效有机循环农业就是在农业生产过程中减少相关化学物品的使用，生产绿色有机农产品。

二、发展高效有机循环农业生产的必要性

生态文明建设顺应人类社会文明发展的客观规律，我国作为一个以农业为基础的国家，农业的生态文明在我国生态文明建设中起着最基础的作用。也就是说，农业生态文明的发展直接关系着我国生态文明的建设。发展高效有机循环农业是转变农业发展方式，促进农业生态文明建设的具体体现，也是深入推进乡村振兴战略的重中之重。现将发展高效有机循环农业的必要性分析如下。

（一）助力农业可持续发展

当今我国提出了可持续发展战略，因此，可持续发展战略目标要贯彻到我国社会生产生活的各个方面，农业也要进行可持续发展。可持续发展就是统筹人、环境协调发展。过去农业生产过程中，由于使用一些化学药品，不仅导致农业生产环境遭到破坏，还会危及使用者的生命财产安全。因此，发展高效有机循环农业是农业可持续发展的一个必要途径，高效有机循环农业是结合农村各种生物资源，既保护了环境，又能提高农业的生产产量，顺应农业可持续发展的潮流，所以在农村提倡高效有机循环农业很有必要。

（二）增加我国农产品在国际市场中的竞争力

随着社会的不断发展，人们对农产品的要求越来越高。我国是农业大国，要保持农产品在国际市场中的竞争优势，就必须发展高效有机循环农业，生产绿色有机食品，满足市场对绿色有机农产品的需要，进而增加我国农产品在国际市场中的竞争力。

（三）保障人民群众身体健康

要以人为本，就要不断满足人民群众对优质生态农产品的需求，对高品质生活的期待。发展高效有机循环农业，能够建立一个良性的农业循环生产体系，也就是在农业生产过程中不使用任何化学物品，不添加任何添加剂或者色素，而是利用农村各种生物资源，实现废物资源的再利用，保障农产品中不含有任何农业残留、激素和其他有害物质，从根源上保障人民群众的身体健康。

（四）增加农民收入

发展高效有机循环农业能够充分发挥山区农业区的自然环境优势和生物资源优势，按照有机农业的生产方式，实行相应的生产，使得农业生产符合我国有关规定的标准，进而提高其农业产品的竞争力，促使农村经济获得增长，大幅度增加农民收入。同时，发展高效有机循环农业不提倡化学物品在农业生产中的应用，而是将农村的生物资源用于农业生产中，大大节省了农民在农业生产中的经济投入，进而推动我国社会主义新农村的建设。

（五）增加农村就业

发展高效有机循环农业，通过推广粮草间作、林下种草等，使得牧草的质量和产量得到相应提高，进而促使畜禽饲养量增加。通过对畜禽排泄物进行相应的无害处理，又为其他种植业提供了饲料，这样就会在农业生产过程中形成一个良性的循环，使得农业生产变成了一个劳动密集型产业，这样就能够吸收农村大量闲置劳动力，减少农村劳动力到城镇就业而给城镇带来的就业压力，促进社会的和谐和稳定。

（六）我国社会主义新农村建设的必由之路

我国是农业大国，水资源占世界 6%，耕地占世界 10%，却养活了世界近 21% 的人口。我国有 36.11% 的人口在农村，农村经济发展相对于城市而言相对落后。如何加强社会主义新农村的建设，是我国面临的一个重要问题。发展高效有机循环农业，不仅能够提高农业产量，促进农村经济发展，还能够有效平衡农村与城镇的差距，保障和谐社会的构建。

第三节 乡村对生态修复及生态多样性的保护价值

一、乡村有利于生态修复

尽管对大自然而言，自然环境的变化是大自然的一种常态，但对人类的经济社会发展来说，自然环境的变化并非总是有利的，有时候会直接威胁到人类的生存和发展。人类在自然变化面前的无动于衷与盲目自大一样，都是愚蠢和危险的。要谋求人类社会的发展，就必须顺应自然，同时积极调控自然，使其服务于人类社会。比如，自然灾害带来的生态异化，尽管它是自然现象，但其对人类经济社会造成了损失，就必须采取相应措施应对。

生态修复是乡村振兴战略中的一项重要工作，也是乡村规划中需要重点关注的问题。生态修复一般与国土综合整治联系在一起，是国土综合整治工作的重要项目。在我国改革开放以后，农村的发展过程中，经济发展一般是伴随着自然资源的开采或者自然环境的破坏的，对农村以后的发展造成深远的影响。现如今，人们越来越意识到生态可持续发展的重要性，从过去以环境换经济转变为如今经济建设与环境治理平衡发展的局面。2018年，政府公布了《土地综合整治重大工程研究》，其中提出了"山水林田湖草生命共同体"的概念。乡村振兴战略背景下生态修复应该按照这个理念实施。"山水林田湖草生命共同体"指的是一个包含了山、水、林、田、湖、草等各个层次的生命有机体，这个生命有机体不是一个固定大小、固定形态的生命体，而是一个有机结合的统一的系统。在乡村生态修复中，应该加强对生物多样性的保护，恢复生态环境，把土壤、水体、农田和乡村景观等生物多样性作为山水林田湖草综合整治和管护的重要评价指标，综合考虑生态修复整体性。

乡村生态修复的目标主要有三个：恢复和提升生态服务功能、开展退化和污染生态环境的生态修复、合理利用和提升自然资源利用效率。其中生态服务功能包括水土流失、防风固沙、蓄洪等。乡村生态修复的常用措施有以下几个方面。

第一，水流。对水流的治理措施有：增加植被覆盖，提高水土涵养水平；加固山坡河道，减少水土流失；加强农田水道、坑塘修复，保护生物多样性；减少湖堤水田，还田于湖等。

第二，土流。土流一般是伴随着水流发生的，合称水土流失。加强对水流的管理的同时，加强对土地的保护。加强防风林建设，防止风沙扬尘；加强植被建设，减少土壤流失；优化河流水道，提高灌溉能力和效率等。

第三，污染物流动。地面和水流中的污染物是随着水土流失而流动的，治理的策略是控制源头、过程和受体三方面同时进行。在污染物源头上，控制污染源，乡村工厂该整治的整治，该关闭的关闭；养殖场布局加强优化，减少污染水流入河道；优化水系分布，增强水流净化能力；生活污染物设置定点垃圾桶进行统一管理。

第四，风流和大气循环。乡村一般情况下很少有大气污染，但也存在部分空气污染的情况。有关部门应该对污染空气的乡村工厂进行整治，该关闭就关闭；乡村秸秆还田，避免燃烧；推进煤气和电能的普及，减少传统土灶的使用；优化乡村房屋布局，保持空气流通等。

第五，动物迁移。在我国乡村环境中，有许多地方是珍稀动物迁徙需要停留的地方，鸟类或者其他动物在这里繁殖栖息，乡村生态修复应该重视这种情况，保护原始环境或者改善周围环境，建立一个完善的保护机制。除此之外，对于部分外来物种的防治工作应该做好，防止生态系统平衡被破坏。

乡村自身的特性决定了其对生态修复的作用和价值。乡村振兴战略符合我国当前国情发展战略，在乡村振兴战略背景下，乡村规划和生态修复工作将是未来我国一项长期的重要工作。科学有效的乡村规划和生态修复工作能够充分开发利用自然资源和社会资源，促进人与自然之间的和谐相处，从而达到经济效益和生态效益的双赢。推进乡村规划和生态修复，对促进乡村经济建设和可持续发展有重要意义，是建设美丽中国和实现中华民族伟大复兴中国梦的必经阶段。

二、乡村有利于维持生物多样性

生物多样性是人类赖以生存的物质基础，随着人口的迅速增长，人类经济活动的不断加剧，尤其是人类盲目地向自然界索取大量生物资源，使得这一物质基础受到了严重威胁。为此，在1992年巴西里约热内卢举行的联合国环境与发展大会上签署了一项保护地球生物资源的国际公约——《生物多样性公约》，旨在最大限度地保护地球上多种多样的生物资源，以造福于当代和子孙后代。随着人类经济社会的不断发展，生物多样性具有的重要价值已经被越来越多的研究所证实和强调。概括而言，生物多样性的总价值分为可利用价值和非利用价值。在生态文明成为当前社会经济发展追求的重要目标的时代背景下，生物多样性的价值将会越来越受重视。

农业生物的多样性是生物多样性的重要组成部分，农业生物多样性是指与农业生产有关的各种各样的生物（动物、植物和微生物）所构成的生态综合体的丰富程度，保护农业生物多样性是全球环境保护的重要组成部分。正是因为有着多样的农业生物，才有了多样的乡村生态面貌。不同的农业生物在乡村生态里扮演着生产者、消费者和分解者中的一种角色，每种角色都相互依存，缺一不可，从而构成了乡村完整的生物链，这也为乡村生态提供了循环的可能。只有当乡村具有了生态意义上的循环，清洁的空气、美丽的风光、舒缓的节奏才能成为乡村独有的景观，吸引着向往自然的城市人奔向乡村，感受人与自然的亲密。因此，农业生物多样性是构成乡村生态格局的重要部分，它与农民的社会经济活动相互交织，维持着整个乡村生态系统的平衡力和吸引力。

传统乡村农业不是专业化的农业，而是多样化的农业。多样化农业包括农业物种多样和农业生态系统多样。农业多样性首先源于乡村居民生活的需要，人们需要吃多种粮食、多种蔬菜，需要油料、棉麻，需要肉、蛋、奶等，多种需求造就了小而全的农业生产类型，从而维系了农业品种和类型的多样性。调查发现，一个农家院里每年竟然可以生产出20多种蔬菜和瓜果。其次，多样化农业源于土地环境的复杂性。乡村周边的土地肥力不同、水利条件不同、地理位置与地形不同，因此，会出现水田与旱地、平地与山地、肥沃与贫瘠等土地的区别。不同土地适合不同的种植内容，于是就出现了诸如"山下是良田，果树绕山转"的农业景观，也是合理利用土地的智慧体现。最后，农业多样性是生态防治的需要。农民在长期的生产实践中发现，多样化种植可以防治某些病虫害。例如，利用赤眼蜂防治水稻螟虫，利用白僵菌防治松毛虫。农田土壤中的各种微生物、蚯蚓、蚂蚁、线虫等生物物种对农作物生产都产生了重要的影响。园艺作物经常需要依赖授粉动物，包括蜜蜂、飞蛾、蝴蝶、甲虫、鸟类等。田地和周边的植被往往成为作物害虫天敌的繁殖和栖息场所，对农田害虫的控制至关重要。在长期实践中农民积累的地方知识，甚至可以成为科学家科学发现的重要基础。

乡村对生物多样化影响十分显著。据专业人员统计，在乡村里，每一户农户院落及房前屋后活动的禽畜、昆虫等有200多种；蔬菜、瓜果、花卉与杂草等植物也多达50多种；还有大量微生物存在，微生物的菌落数量是随着与乡村的距离而递减的。这些动物、植物、微生物构成了乡村的生态系统，有消解各类垃圾的重要功能。没有了乡村，农业生物多样性就失去依靠，保存农业生物的多样性也就成了一句空话。比较完整的乡村和"新农村"，农业生物多样性的差异一目了然。这种差异不仅来自乡村环境，也来自人们的生活方式和人们的需求。乡村农业生产的各种场所，包括田地、鱼塘、河流，以及农户庭院等，都存在着各种各样的农业生物，这些生物与周围的环境密切联系，并且相互维生。实质上，农业体现了自然生命的过程，农民长期在土地上耕作种植、培育物种的实践，可以被理解为人们培育多样性生命的过程。传统精耕细作的农业包含着朴素的生态学思想，多种多样的农业种植制度对保持生物多样性具有重要途径。农民种植的混作、间作、轮作等多样化的土地利用方式对维护农业生物多样性具有积极作用,这是乡村对农业生物多样性保存的重要方面。

除此之外,乡村农业生产的多样化也是维持生物多样性的另一个重要方式。一个乡村的农业生产往往不仅仅有各种农作物的种植,还包括各种牲畜家禽的养殖。多样化的农业生产造就了多种生物需求,因此,为了照顾到每一种生物的需求,乡村就不能仅仅依靠粮食的种植。

对农民而言,各种生物都是维持家庭生活的重要资源,要充分利用这些生物首先就必须保护好它们。在这种生产观的支配下,乡村的每一种生物都会得到尊重,就连田地长出来的野菜农民都舍不得放弃。多样的农业生物不仅保证了乡村与自然和谐的关系,也给农民的生活带来了诸多乐趣。

第四节 "天人合一"理念在乡村发展中的价值

谈生态学视角下的乡村振兴,不能不讨论乡村的"天人合一"理念。作为人类生活环境的乡村,一方面是人类对自然生态环境适应的结果,其物理形态由其生活的生态环境直接制约和决定,如地势环境、建筑材料的选择等;另一方面由于人类的文化能力,乡村的物理形态会因为人类的生存经验和思想智慧而出现变化,而这种变化更多的是文化意义上的变化,即在物理形态上赋予乡村不同的或者更丰富的象征意义和价值观念。平衡人与自然的关系是乡村生态的重要功能。中国农民的生活一直围绕着"天人合一"理念展开与传承,构建的是一种天、地、人三者之间的平衡与循环的关系，一方面希望天人保持一致，也就是宇宙自然这个大天地与人这个小天地的和谐统一；另一方面要求达到天人相应的境界，此即是认为人和自然在本质上是相通的，故一切人事均应顺乎自然规律，达到人与自然和谐。

一、"天人合一"理念的基本内涵和要素分析

（一）"天人合一"理念的基本内涵

"天人合一"作为我国古代的生存智慧，不仅仅体现为人与自然的关系，还包括人与人的关系、人与社会的关系。

1. 人与万物同质同源

"天地之大德曰生"，人与自然万物都是"天地和气"的结果。因此，人与万物是同质同源的，人只是天地中的一部分，并不在自然之外，人与万物可以相互比附，相互感通。

2. 天道与人道相通不二

虽然从天地生人的角度看，人只是自然中的一种，但是"二气交感，化生万物，万物生生而变化无穷焉。惟人也得其秀而最灵"。人的独特之处主要就在于，人之心性可以与天地相通，这样"天道与人道实一以贯之。宇宙本根，乃人伦道德之根源；人伦道德，乃宇宙本根之流行发现"。所以人应当有"与天地参""赞天地之化育"的胸怀，不仅要关注人事，而且要注意协调与自然的关系，把自然万物纳入伦理的视野。

3. 追求和谐——最高的价值目标

在中国传统文化中，"天人合一"不仅仅是一个存在论的命题，更重要的是一个价值论的命题。从价值论的视角来看，这一命题把追求和谐作为

一种至高的价值目标，而和谐的根据不在人之外，就在人自身，所以追求和谐就成为人生的当然使命。从社会发展的角度来追求和谐就是实现"视天下犹一家，中国犹一人"的大同世界，从个人安身立命的角度追求和谐就是获得一种至善的人格规定，这在张载看来就是要达到"民胞物与"的境界。这种人生价值追求意味着人已经贯通、超越了"天—人""物—我""内—外""上—下"的界限，真正实现了"天人合一"的境界，即将个体的生命托付于宇宙大化流行的规律中了。

（二）"天人合一"理念的基本要素分析

1. 人与自然关系分析

（1）人是自然界的组成部分：人类的生存和发展受一定的自然条件和自然资源的制约，受生态平衡自然规律的制约。人类在征服改造自然的过程中，始终受周围和环境的影响和制约。

（2）人是自然界的主体：人作为自然界中的最高产物，不仅具有自然存在物的特征，而且具有其他自然物不具有的特征。人可以通过自己创造性的活动去改造外部自然，能动地把外部自然作为自己的活动对象，有意识地创造出合目的、合意志的对象性存在，以此来满足自己和发展的需要。这时，人同物关系的地位和性质都发生了转换，人把自己从一切存在物中区分出来并提升为主体，同时把外部世界，自然对象变成"为我而存在"的客体，人同外部世界的对象性关系便转换为实践主体和实践客体的关系了。

（3）人与自然和谐发展：人类的生存离不开自然的生存，而自然的生存也是在人类的实践活动干预下的生存。在当代社会逐步恢复和重建人与自然的和睦关系的情形下，必须掌握现代科学严谨的研究方法，开发强大的技术工具手段，遵循生态规律的要求，充分利用天地万物，引导和协调天人关系，建立一种既不以自然为中心的人统一于自然，也不以人为中心的人对抗于自然，而是人与自然有序耦合的有机协同机制。

2. 人与社会关系分析

个人与社会的关系属于人类社会及人类生活的内部关系，但社会寄身于自然的基础之上，无时不处于同自然的矛盾与联结之中。不仅个人与社会的关系要受人与自然的关系的制约，而且人与自然的关系也受个人与社会关系的制约。个人和社会的关系主要体现在两个方面：一是个人与社会的共生关系，指个人与社会在此社会存在总体内相互依从、双向互塑，无论从个人主体形成中的社会化、个性化之生成，还是从人道社会的个体化、人道化、社会化之生成莫不如此。二是个人与社会的互动关系，指处于相互关系中的个人与社会必处在相互作用之中，双方都不能离开对方而各为孤立、自在之物，而是在相互联结中来定位和定义的。人与社会的关系是通过人们的社会行动来实现的，只有行动着的人才能形成交往关系，只有人们之间形成了交往关系才形成了社会，人才进入了社会关系之中，人与社会的关系才成为现实的存在。就此而言，社会行动是产生人与社会关系的原因，而人与社会关系则是社会行动产生的结果。解决人与社会的关系，主要是协调好人们的观念、思维方式、价值观念、社会保障措施、社会制度等几方面的因素。

3. 人与人关系分析

在人类与自然的对象性关系中，人类主体具体表现为不同的群体（民族或国家、地区或区域、阶级或阶层、团体或集体）和不同的个人。在人与人的关系方面，以人类的整体利益为最高价值，人类的整体利益高于任何个人或任何群体的局部利益。首先，地球上的生态平衡是一个小体。人类主体要从整体的角度认识和把握各种自然物在自然生态系统中的地位和作用，在认识和维护自然生态平衡的基础上研究和安排自然物的开发，反对采取无政府主义掠夺性开发各种自然物。其次，地球上的生态平衡跟人类生存和发展的整体利益是一致的。保护地球上的生态平衡就是保护人类的整体利益。再次，人类的实践手段与实践目的是直接同一的。最后，人与人的关系还要以人类的可持续发展为宗旨，把握当代人与未来人的统一。在人类与自然的对象性关系中，人类主体不仅指"当代"的人类，而且包括"后代"的人类，要从代际的角度观察和处理自然资源有限性与人类社会发展相对无限性之间的矛盾。因此，解决人与人之间的关系，要协调好人际关系、社会秩序、人道主义等几方面问题。

二、"天人合一"理念在乡村发展中的价值体现

（一）"天人合一"理念在乡村建筑上的体现

乡村"天人合一"的生态理念首先体现在农民房屋庭院的建设和布局上。传统乡村房屋的建设有着就地取材的特点，这是因为乡村坐落于自然环境中，水、泥沙、石材、石灰、木材等自然资源都成为农民建设房屋的材料，只要农民付出一定的劳动，这些材料都能获得。这种优势不仅使得农民减少了生活成本，也造就了与环境协调的各色民居，如林区的木屋、山区的石板房、黄土高原的窑洞、南方的竹楼等。同时，农民懂得为了延续世代生活和子孙生计需求，这些资源不能过度使用。对农民而言，这些建筑材料是自然对他们的恩赐和馈赠，合理地开发和保护自然的理念就潜移默化到农民的日常生活中。

在乡村庭院布局上,"天人合一"理念也体现得淋漓尽致。乡村的房屋多建在较为开阔的地方,为了充分采光,房屋大多坐北朝南。农民自家的农家院是露天的,夏天可以乘凉,冬天可以晒太阳,一年四季的季节变化在农户庭院得到了充分体现。农家院的露天格局也是为了满足农家院里所种植或养殖的生物的光照、水分、通风等自然条件的需求,作物或牲畜的生长都遵循自然气候的变化,与此对应的农业劳动也必须依据四季变化进行调整和安排。因此,乡村庭院的这种布局特点就规定了农民的生活和生产都应以尊重和顺应自然规律为前提而展开。除此以外,农民还常说盖房应当"接地气",房子才能住得舒坦。农民所言的"接地气"实质上有两层意思:一是要符合当地的自然特点,特别是气候和地势。如华北地区平原较多,乡村的房屋大多建在地势平坦的地方,而且房屋建设注重保暖抗寒;而西南山区,乡村多坐落于山地,房屋顺山而建,而且注重透气排湿。二是要符合农村的特点,如有个农家院用来养鸡鸭鹅,养猪牛羊,房前能有小块闲地,种些蔬菜;房屋要近村挨户,可以与左邻右舍闲话家常,等等。

乡村"天人合一"理念在福建客家乡村体现得尤为典型。在客家农村,土地耕种方式影响聚落分布规模,客家人多居住在山地,可耕作的土地不多,相对而言人口密度不大,通常是一座大型聚居建筑(祠堂),围绕祠堂依次分布居住,或者数个中小型聚居建筑就可以形成一个乡村。客家乡村追求一种具有农业社会特点的自然环境空间,相对封闭,经济上自给自足,而乡村环境通常是三面由大山围护,前方由低山拱卫,只留一个豁口与外界联系,建筑空间与自然空间完全融合,这种融合关系使客家民居脱离了人工环境的制约,达到了"天地人合一"的哲学境界。

今天的乡村建筑由于广泛使用钢筋、水泥等新型建筑材料,乡土特色和顺应自然的风貌在减少。千篇一律的建筑代替了丰富多彩的民居风格。受城镇建设思维的影响，有些地方的农民失去了农家院的乡村生活，住进了城市人居住的现代居民楼。在京郊的一个上楼村，笔者对农民上楼后的生活状况做了调查，农民对上楼后有现代化的厕所、集中供暖、全天候的自来水等感到十分满意。但是，他们同时也向笔者抱怨，住楼让他们感到无所适从。"房子不接地气，不如农家院舒适""太闷人，同囚犯的牢房并无两样"。每天被关在房子里无所事事，邻里之间的关系同以前村里那种亲密的熟人社会相去甚远，而终日房门紧锁以防被小偷光顾的惴惴不安的心情同当初那种"夜不闭户，路不拾遗"的淳朴民风之间早已南辕北辙了。可见，尽管农民上了楼，但是农民意识中对于传统农村中独立开阔的房屋的热爱并未被现代化的居住形态所侵蚀掉。城市楼房的"不接地气"，实质上从反面论证了乡村房屋的建筑格局能够使农民同大自然之间进行有益的接触与互动，同时也使农民推崇"天人合一"的朴素生态观念得以印证。

（二）"天人合一"理念在农业生产上的体现

乡村"天人合一"的生态理念还体现在农业生产上。农民常常讲，种地要"不违农时"，还要"因地种植"，实质上都是农民对"天人合一"理念的朴素认识和理解。"天"在农业生产中主要包括光照、热量、水分、气等多种自然气候因素，它们随着季节的变化而呈现出不同的状态，其特征以"时"来喻示，这便构成了农业生产中重要的节气、农时等概念。"不违农时"正是强调了农民的农业劳动需要与生物节律及自然气候的变化相吻合的要求。"地"指的是地理位置、地形地貌、土壤特性、肥力等多个要素的综合，这些要素对农作物的生长起着非常关键的作用。"因地种植"就是强调农民应当根据不同的地势地形和土壤条件合理安排农作物的种植。此外，农民还特别注意对土地肥力的保持，休耕、间种及轮作等一系列乡土农技在乡村的农业生产中被实践和传承。"人"则以农业生产的主体身份出现，农业生产的整个过程其实就是通过农民的劳动去协调自然环境和动植物的关系，农业生态是否能够得以良性运行在很大程度上受制于农民的思想观念。农民在农业生产认识和利用天时、地利的同时，还特别强调"物性之宜"，即要求针对"物性"的特点来协调农作物与环境之间的关系。"物"在农业中具体指各种农业生物有机体，种植何种作物，养殖哪种动物，在什么时候种植什么样的作物，都要符合当地具体的气候条件和自然资源状况。这样一来，农民在劳动过程中把所持的"天人合一"理念通过对天、地、人、物的分别审视勾勒出了一个清晰的轮廓。"天人合一"的生态理念也成为传统农业几千年来长盛不衰的思想基础。

在人们越来越远离自然的今天，在乡村却可以观察到人类的生产与自然之间似乎有一种和谐共存的可能。从农业劳动中我们发现，农民作为农业劳动者，他们以"园丁者的姿态而并非统治者的姿态"，顺应自然、照顾自然。在农民日常的农活实践过程当中，他们所遵循的基本规则从来都是围绕着"天时、地利、人力、物宜"这四点展开的，"天、地、人、物协调统一"的发展观自始至终贯穿于乡村传统农业的主导思想观念中。

正因为乡村存在"天人合一"的生态理念，当我们越接近乡村、亲近农业，越能体会到我们每一天的生活都接受着自然的供养、恩赐；同样的道理，越是疏远农村、远离农业，就越难以理解自然在生活中扮演的重要角色，甚至走向对自然的破坏。所以，农民比较能够理解珍惜土地的真正意义与重要性，而对生活在都市里的人来说，珍惜土地常常不过是一种政治口号与虚无感受。

乡村的生态价值不仅表现在农业生产、环境保护、乡村建筑等领域，还表现在乡村生活中的方方面面，如低碳生活方式、与大自然节拍吻合的生活节奏、循环利用等，更体现为乡村文化和人们的信仰。正是从这个意义上说，乡村为中国生态文明建设提供了模板。

三、"天人合一"理念在新时代乡村生态文明建设中的启示

（一）优化产业布局，大力发展绿色循环经济

"天人合一"思想强调整体性思维，即人和自然是同一的，构成"一荣俱荣、一损俱损"的利益共同体。老子最先表达了"天人合一"的观念，他说"人法地，地法天，天法道，道法自然"，认为人和天都要遵循自然之道。他还指出"夫物芸芸，各复归其根。归根曰静，静曰复命，复命曰常，知常曰明"，体现了万物从自然中来又复归自然的思想。庄子进一步提出"人与天一也"的说法。北宋哲学家张载在前人学说的基础上，明确提出"天人合一"的命题，他认为"儒者则因明致诚，因诚致明，故天人合一，致学而可以成圣"。这里"诚"指天道，明指"人性"，"诚明"就是天道与人性的同一，人通过致学可以达到"天人合一"的圣人之境。从古人对"天人合一"的论述来看，在中国传统文化中，人和外在的自然界是一个有机整体，不存在主客之分，人的活动要遵循自然界的运行规律——天道。

从"天人合一"思想的视域来思考当前资源型经济转型之困境，就是要在发展的理念上，真正将人和自然资源是统一整体的思想落到实处，不能厚此薄彼、顾此失彼，要将生态文明建设摆在优先地位，经济发展不能违背自然规律。所谓"天行有常，不为尧存，不为桀亡"，要按自然规律合

理利用资源，绝不能"宁要金山银山不要绿水青山"，短期转型阵痛将换来长期人居环境的改善，功在千秋、造福万代。在优化产业布局上，要着眼人的生存与发展需求，以可持续开发利用为目标对资源利用进行整体长远规划，严禁私挖滥采，突出科技创新对经济的拉动作用，加强资源型产业延长链、创新链、增值链建设，提升资源利用率，还要下功夫逐步补齐对环境的历史欠账，加强资源开采区的生态修复。在新兴接续产业选择上，要着力发展绿色循环经济，紧跟国内外市场需求，因地制宜、因势利导，加强属地废物利用、特色资源开发，大力支持发展特色旅游业、传统手工业、特色农产品等，形成"一地一品"特色产业布局，实现既要"金山银山"更要"绿水青山"。

（二）法治与德治并重，强化生态道德约束力

在中国古代"天人合一"思想中，天并非仅仅指物质意义上的自然界，还往往被人格化。古人把人的道德关怀倾注于自然之中，"天"逐渐被赋予道德的寓意，"天人合一"最终成为儒家学者的终极价值追求。孔子认为天是有德的，人顺应天则有德，若人无德就要"获罪于天，无所祷也"，受到天的惩罚。孟子进一步构建了心、性、天合一的体系，他说："尽其心者，知其性也；知其性，则知天矣。"这里的"心"即人的恻隐、羞恶、恭敬、是非四种"道德心"，性内在于心之中，通过彰显人的道德，就能达到"天人合一"的"知天"之境。《周易》中有"天行健，君子以自强不息""地势坤，君子以厚德载物"的名言，以此告诫人们要像天地一样发奋图强、容载万物。儒家还将"天人合一"的思想与其核心"仁"结合起来，提出"仁民爱物"的思想，把尊重自然、仁爱万物视作人类的崇高道德追求。北宋学者程颢提出"仁者，以天地万物为一体"，认为天地万物都应该"求仁"。上文提

到的张载更是将天道和人性统一起来，提出"圣人"的道德标准——"为天地立心，为生民立命，为往圣继绝学，为万世开太平"，成为后代儒者最崇高的使命与毕生追求的最高人格境界。

从"天人合一"思想的道德属性出发，化解生态文明建设中的监管之困，就是要让法治与德治并重。法治从来不排斥德治。《荀子·王制》中写道："以善至者待之以礼，以不善至者待之以刑。"笔者认为，切断污染源头，一是强化对企业主体的道德教化。坚持将企业的生存和发展与社会文明的进步同步推进，不断提高企业的社会责任感和知法守法的自觉性，鼓励企业投身环保公益事业，对长期守法企业、环保爱心企业建立奖励表彰、减免税收等激励机制，形成"社会爱企业，企业爱社会"的道德氛围。二是加强环保监管队伍建设。在继续加强反腐败的同时，提高政府监管人员的整体素质，推动靠"罚"为主的监管模式向以"治"为主的服务模式转变，实现向服务型政府转型，构建新时代"亲清"政企关系新生态。

（三）加强生态文明教育，营造浓郁社会氛围

中国古代"天人合一"思想的核心就是要正确处理人与自然之间的关系。孔子主张"钓而不纲，弋不射宿"。《礼记·王制》中提出"昆虫未蛰不以火田，不麛，不卵，不杀胎，不殀夭，不覆巢"的制度要求，违者将被严惩。孟子曾给梁惠王建议"不违农时，谷不可胜食也；数罟不入洿池，鱼鳖不可胜食也；斧斤以时入山林，材木不可胜用也"。

荀子也强调"草木荣华滋硕之时，则斧斤不入山林，不夭其生，不绝其长也"。《吕氏春秋》中写道："竭泽而渔，岂不获得？而明年无鱼；焚薮而田，岂不获得？而明年无兽。"这些观点都强调人对自然的索取应取之有度、用之有节，看似是对人们行为的限制，实际上确保了人与自然的平衡

和社会的可持续发展。庄子从道家主张出发，更是反对人的活动对自然的干预，主张"常因自然而不益生"，要以自然的方式对待自然，还描绘了"至德之世，同与禽兽居，族与万物并"的人与自然和谐统一的理想状态。

当前，人与自然关系紧张，归根结底责任在人，缓解人与自然的关系也必须通过改变人的观念、人的行为来实现。首先，应全面落实2018年全国生态环境保护大会精神，加强生态文明教育，解决生态文明教育资源缺乏、基础设施不到位、公共教育平台和载体少、教育内容缺乏创新性等问题，采用公众喜闻乐见的形式，多创作正面形象引导、反面典型讽刺等多样的文艺作品，开展丰富多彩的教育活动和广泛的宣传，使生态文明理念进一步深入人心。其次，要重新思考人类特定的生存空间与活动边界、正确的发展方式与生活方式，改变对大自然的强势"征服"与索取，确保人类与其他物种之间保持适度张力与动态平衡，坚持山水林田湖草"生命共同体"整体保护、系统修复、区域统筹、综合治理，重新焕发"鸢飞鱼跃"的生态之美。最后，要积极倡导绿色生活方式，提倡节俭节用，减少生活垃圾总量，逐步用环保的、可重复利用的包装替代塑料袋等难降解垃圾，将垃圾分类列入政府重点工作，对垃圾分拣回收利用的企业给予无偿提供场地、无息贷款、减免税收等优惠政策；完善绿色交通出行设施，倡导绿色健康出行；出台政策支持发展生态农业，逐步减少农药、化肥的使用。在全社会要掀起轰轰烈烈的生态环境保护运动，使生态文明理念成为全民的坚定信仰，使生态环境保护成为全民的行动自觉。

第二章　农业应用型人才培养

第一节　基本概念和类型

一、农业、现代农业、特色农业

　　农业是通过培育动植物生产食品及工业原料的产业。农业属于第一产业，研究农业的科学是农学。农业是人类社会赖以生存的基本生产和生活资料的来源，是社会分工和国民经济发展的基础。国民经济其他部门发展的程度，受农业生产力发展水平和农业劳动生产率高低的制约。马克思说过："农业劳动是其他一切劳动得以存在和发展的自然基础和前提。"这是一条基本的经济法则。由于各国的国情不同，农业包括的范围也不同。狭义的农业仅指种植业或农作物栽培业；广义的农业包括种植业、养殖业、林业、渔业，农特产品储藏、加工、运输、销售及售后服务等多种产业。农业生产具有再生性、可循环、有规律和易受自然条件制约等特点，也具有明显的季节性和地域性、生产周期长、资金周转慢、产品鲜活不便运输和储藏、单位产品的价值较低等特点。

　　根据生产力的性质和状况，农业可分为传统农业和现代农业，传统农业包括原始农业、古代农业和近代农业。

传统农业：传统农业以规模小、商品率低、科技含量少的小生产为特征，传统农业主要依赖资源的投入。

现代农业：现代农业是有别于传统农业的一种农业形态，是利用现代科学技术、现代工业手段和科学管理方法进行科学化、规模化、产业化、社会化生产的产业，它不仅包括传统农业的种植业、林业、养殖业和水产业等，还包括产前的农业机械、农药、化肥、水利，产后的加工、储藏、运输、营销以及进出口贸易等，成为一个与发展农业相关、为发展农业服务的产业链。现代农业主要由资源依赖型不断转化为技术依赖型，信息技术、生物技术、新型耕作技术、节水灌溉技术及现代装备技术等农业高新技术的应用，不仅提高了农业资源的利用率和农业的可持续发展能力，也极大地提高了土地产出率、劳动生产率和农产品商品率。

党的十八大以来，党和国家持续加大强农惠农富农政策力度，扎实推进农业现代化，深化农村改革，加快现代农业产业体系、生产体系、经营体系建设，实施乡村振兴战略，农业农村得到全面发展，取得了一系列历史性成就，为全面建成小康社会奠定了坚实基础。

《中共中央国务院关于实施乡村振兴战略的意见》为乡村振兴勾勒出宏伟蓝图，制定了时间表和路线图，以振兴产业为重点，以农业供给侧结构性改革为主线，坚持质量兴农、绿色兴农，通过构建现代农业产业体系、生产体系、经营体系，进一步提高农业创新力、竞争力和全要素生产率，实现由农业大国向农业强国转变。

现代农业产业体系、生产体系、经营体系建设是发展现代农业、实现农业农村现代化的"三大支柱"，是促进农村一二三产融合发展的重要载体，是衡量现代农业产业布局和产品竞争力的重要标志。现代农业产业体系包括种养加等主导产业及其与产前、产中、产后相关的产业,依据区域优势不同产业结构布局各有侧重。重点考虑农业资源的市场配置、农产品的有效供给、小农户和现代农业发展的有机衔接等问题。构建现代农业产业体系,要以市场需求为导向,坚持粮经饲统筹、种养加一体、农牧渔结合的发展思路,发挥区域资源的比较优势,调整优化产业结构,提高农业资源的配置效率,促进一二三产融合发展,推动农业产业链横向拓展和纵向延伸。现代农业生产体系是先进科学技术与生产过程的有机结合,是衡量农业生产各环节机械化、信息化、良种化、标准化实现程度和农业生产力发展水平的主要标志,重点解决的是技术和效率问题。构建现代农业生产体系,转变农业要素投入方式,用信息技术、生物技术和现代装备制造技术改造传统农业生产方式,提高农业信息化、良种化、机械化、标准化程度,提高农产品质量,增强农业竞争力。现代农业经营体系包括家庭经营、集体经营、合作经营、企业经营等多种经营形式,是衡量现代农业组织化程度、社会化程度、职业化程度和市场化程度的重要标志,重点解决的是生产力和生产关系有效搭配、市场竞争力强弱的问题。构建现代农业经营体系,就是要发展多种形式适度规模经营,深化农村土地制度改革,促进农民职业化发展,提高农业经营集约化、组织化、规模化、社会化水平。现代农业三大体系相辅相成,对农业产业体系起重要支撑和保障作用。

特色农业:特色农业是现代农业的一种表现形式,是将一定区域内特有的农业资源开发成名优特产品的现代农业,以市场需求为导向,以追求较大经济效益、较优生态效益、较佳社会效益和较强市场竞争力为目的,高效配置各种生产要素,突出地域特色,产业规模适度、效益良好,产品具有较强市场竞争力,一般包括特色种、养、加等产业及特色服务业。特色农业具有六个基本要素：市场需求、特色资源、特色产业、生产技术、产品质量和生态环境。《中共中央国务院关于实施乡村振兴战略的意见》从推进农业绿色化、优质化、特色化、品牌化到调整优化农业生产力布局，推动农业由增产导向转向提质导向，对发展特色农业做出明确要求。从推进特色农产品优势区创建，推行标准化生产，到培育农产品品牌，保护地理标志农产品都进行了精心规划，是发展特色农业的指导性文件。

二、人才、人才类型

人才：人才是指具有一定的专业知识或专门技能，能够进行创造性劳动，并对社会做出一定贡献的人，是人力资源中能力和素质较高的劳动者，是经济社会发展的第一资源。

人才类型：国际上通常将人才分为学术型人才、工程型人才、技术型人才、技能型人才四种类型。

学术型人才主要是研究和发现客观规律，工程型人才主要将客观规律转化为相关的设计、规划和决策，技术型人才和技能型人才则将设计、规划和决策变成物质形态。技术型人才与技能型人才的区别主要在于前者以应用理论产生的技术为主，而后者则依赖经验产生的技术。四种人才因社会职能和社会功能不同，人才规格也不同。学术型人才要求基础理论深厚，学术修养和研究能力较强；工程型人才要求理论基础较好，解决实际工程问题的能力较强；技术型人才要求有一定的基础理论，但更强调理论在实践中的应用；技能型人才要求掌握必要的专业知识，但必须掌握熟练的操作技能。社会四类人才需要通常呈金字塔分布，学术型人才需求量最少，工程型人才次之，技术型人才与技能型人才最多。

三、人才培养类型

人才培养类型是指培养人才的教育类型。教育的根本任务和主要功能是为经济、社会发展培养人才。由于社会分工不同，对人才规格的要求也不同。因此，人才培养类型也不同，除全日制学历教育外，还包括成人教育、函授教育和自学成才等。高层次人才培养一般通过高等教育来实现。《教育大辞典》将高等教育定义为：中等教育以上的各级各类教育的总称，其含义随历史发展而发展。联合国教科文组织认为：高等教育是由大学、文理学院、理工学院、师范学院等机构实施的所有各种类型（学术性、专业性、技术性、艺术性、师范性等）的教育。1997年颁布的《国际教育标准分类法》将教育分为七个等级，以教育是以学术目的为主，还是以职业目的为主分A、B、C三类。

改革开放以来，我国高等教育事业得到长足发展，初步形成了适应国民经济建设和社会发展需要的多层次、多形式、学科门类齐全的中国特色高等教育体系，为社会主义现代化建设培养了各级各类专门人才，在国家经济建设、社会发展和科技进步中发挥了重要作用。2014年，教育部组织部分专家针对当时我国高等教育存在的人才培养与经济建设存在供需结构性矛盾问题开展调研，提出部分地方本科院校向应用型转变的建议。2015年教育部、财政部和人力资源社会保障部针对调研结果联合下发了《关于引导地方本科院校向应用型转型的指导意见》，从此一大批本科高校开展了积极探索与实践，取得了一定的成效，有力地推动了高等教育整体改革，促进了地方高校办学与地方经济的紧密结合，提高了地方本科院校服务经济社会发展的能力。

高等农业教育是整个教育系统的一个组成部分,是以培养农业人才为主的一种教育形式,有广义和狭义之分,广义的泛指所有传播农业科技知识、培养农业科技人才的教育活动,而狭义的则是指高等农业院校开展的各种层次各种形式学历教育,包括函授教育、自学考试教育及远程教育。在我国还有少数农民高等教育,其宗旨是为农村培养农、工、商等方面具有大专以上学历水平的技术骨干和管理干部,招收具有高中毕业文化程度的农村基层干部、农业技术员和有一定生产经验的青年农民以及农业系统在职职工。

第二节　基本理论

一、人力资本理论

20世纪60年代,美国经济学家舒尔茨和贝克尔创立了人力资本理论,开辟了关于人的生产能力分析的新思路。其主要内容包括:①人力资源是一切资源中最主要的资源;②人力资本对经济增长的作用大于物质资本;③人力资本的核心是提高人口素质,教育是提高人力资本最重要的主要手段;④教育投资应以市场供求关系为依据,对人力资源的合理开发利用,可以有效地促进经济发展和社会进步。高等教育可以提高劳动力素质,提升劳动力技能。因此,国家对高等农业教育的投入,将提升农村经济和社会发展需要的农业科技人才素质。

二、高等教育经济学理论

20世纪60年代初,教育经济学形成一门独立的学科,其主要观点包括:国家经济的发展是高等教育发展的前提和基础,它为高等教育的发展提供必要物质条件,又促进高等教育的发展。农业经济的发展和高等农业教育的关系也是如此,高等农业教育通过人才培养、科学研究和成果推广转化对农村经济发展起着巨大的促进作用,农业发达国家的重要特征是重视农业教育。

三、素质教育理论

20世纪80年代,我国先后提出了培养劳动者素质、提高国民素质等要求。1993年《中国教育改革和发展纲要》阐述了教育对提高全民素质的重要意义。1994年《中共中央关于进一步加强和改进学校德育工作的若干意见》中提出了要加强素质教育。《教育部关于加快建设高水平本科教育,全面提高人才培养能力的意见》中明确提出发展素质教育。可见,素质教育是在深化教育体制改革基础上提出的一种教育思想。从教育学角度来讲,素质是指遗传基础上,通过教育和自身努力,逐步形成的相对稳定的心理和品质,是个体先天固有品质与后天教育的融合,是各类本质因素的整体表现。对高等教育来讲,人的素质包括思想道德素质、文化素质、专业素质、身心素质四方面。素质教育重点要把握三点:①人的素质具有发展性特点,通过实践训练可以不断提高;②人的素质具有整体性特点,不能只强调其一,德、智、体、美、劳应全面协调发展;③对个体而言,知识、能力、素质是浑然一体的。因此,在人才培养过程中,要融传授知识、培养能力和提高素质于一体,且正确处理三者关系,才能促进学生素质协调发展。

四、终身教育理论

在我国的教育思想历史中,提倡终身教育观念源远流长。古有孔子的:"吾十有五而志于学,三十而立,四十而不惑,五十而知天命,六十而耳顺,七十而从心所欲,不逾矩。"近代教育家陶行知亦曾强调:"我们所要求的是整个寿命的教育:活到老、干到老、学到老、用到老。"捷克教育家夸美纽斯认为教育应从摇篮甚至更早开始,直至生命结束。英国思想家欧文主张人从出生到成年,都应当受到最好方式的教育和培养。法国教育家孔多塞主张教育应该不限年龄,任何年龄学习都是有益的而且是可能的。美国教育家赫钦斯提出"只要一个人活着,学习就不停止"。这些教育思想都较好地体现了终身学习的理念。孔子被认为是东方"发现和论述终身教育必要性的先驱者"。

1965年巴黎的联合国教科文组织成人教育会议中,法国教育家保罗·朗格朗首次以"终身教育"为题做了报告,后被誉为"现代终身教育的首倡者",1970年朗格朗的《终身教育导论》一书问世,1972年联合国教科文组织出版了《学会生存——教育世界的今天和明天》一书,将"每一个人必须终身继续不断地学习"作为制定教育政策的指导原则。从此,终身教育在国际范围内成为一种颇有影响的当代教育思潮。

国际21世纪教育委员会向联合国教科文组织提交的报告中将终身教育界定为:"与生命有共同外延并已扩展到社会各个方面的连续性教育。"简而言之,终身教育是贯穿于人的一生的连续的多方面的有机联系的教育。因此,在农业现代化建设和乡村振兴战略实施的过程中,也要坚持终身教育的理念,不断开展对农业科技人员和农民的教育培训,高等农业教育在农业科技人员和农民培训中要起到中流砥柱的作用。

第三节　农业应用型人才培养的历史和现状

一、国外农业应用型人才培养的历史和现状

18世纪以前以萨来诺大学、波隆那大学（Bologna）和巴黎大学为代表的中世纪大学，其基本职能仅仅局限在培养人才上。到了19世纪初期，大学培养人才的基本职能才得以拓展，增加了发展科学的职能。柏林大学将"教学和科研相统一"作为柏林大学的基本办学方针之一，倡导"通过研究进行教学"。不过，当时的大学基本上还处于关起门来搞科研的状态，科研与生产的联系不大。19世纪中叶，随着技术革命的出现和社会生产的日益社会化，高等学校逐步认识到它在经济繁荣、科技进步、社会发展中的作用，从而引发高等学校新职能的产生。美国威斯康星大学首次提出了大学直接服务社会的职能，使大学与社会生产、生活实际更紧密地联系起来。威斯康星大学校长Charles.R.Yanhise提出的"服务应该是大学唯一的理想""学校的边界就是州的边界"等想法被总结成闻名遐迩的"威斯康星思想"。从此，高等院校具有了服务社会需要的职能。高等学校的发展为推动人类文明进步和发展做出了巨大的贡献。

美国的高等农业教育对世界高等农业教育具有深刻影响。1855年美国成立第一所农业科学教育类学院——密歇根州立学院。1862年《赠予若干州和准州公有土地以建立工农学院》法案通过立法，之后，美国办起了一批"赠地学院"（又称"农工学院"），主张为地区发展服务，开始直接走

向为社会服务的道路,"赠地学院"使美国高等农业教育得到快速发展。至19世纪末,美国农业和机械学院发展到67所,不仅培养了大批农业专门人才,也促进了美国农业生产,从而带动了美国工业的发展和美国经济的腾飞。之后高等农业教育也开始向综合性发展,一些农业院校转向综合性大学。

美国农业科技推广模式的最大特点是确定了以赠地学院为中心的农业科技推广体系。1862—1914年期间,美国先后颁布了《莫里尔法案》(*Morrill Act*)、《哈奇法案》(*Hatch Act*)、《史密斯-利弗法》(*Smith LeverAct*),美国政府通过这三个法案,把教育、科研、推广三者结合在一起,充分利用农学院在教育、科研和人才方面得天独厚的优势,使农业高科技成果能及时得到转化并迅速推广。

国外关于农业应用型人才培养的研究多起源于实践经验的传授。如1729年苏格兰的农业学校,1792年爱丁堡大学的农业讲座,1818年德国霍恩海姆建立的教学、科研和示范学校等。产业革命后欧洲成为世界经济文化中心,18世纪末就已出现了高等农业教育的雏形,19世纪初欧洲各国兴起了高等农业教育,法国的农学院始建于19世纪20年代,在农业化学、育种技术和农业机械方面都走在世界前列。

20世纪60年代,随着德国工业化、信息化迅速发展,需要大量的高素质劳动者,因此,德国开始进行高等教育改革,建立了70多所应用技术大学(Fachhochschulen FH),这些大学的主要任务是改革理论与实践相脱节的教学方法,加强产学研合作,及时将科学研究的最新成果应用于教学,并能够根据生产和市场信息变化及时调整教学方案,让学生在科学研究的基础上获得知识、掌握技术、提升能力。德国文化部部长联席会议于1998

年将应用技术大学的英文名称统一为"UniversitiesofAp-plied Sciences"。随后,奥地利、荷兰、瑞士和芬兰陆续使用这个英文国际名称。

1966年英国颁布了《关于多科技术学院与其他学院的计划》,调整和合并技术学院和教育学院,建立了一些以多科技术学院为主体的高等院校,加强与工商企业界的密切合作,采用"三明治"模式开展教学,开启了高等教育"二元制时代",为产业发展培养所需的技术技能人才。

荷兰1986年颁布了《高等职业教育法》,1993年又颁布了《高等教育和研究法》,使荷兰的应用技术人才培养得到规范和发展,并要求应用技术大学的人才培养目标定位必须与经济发展结合紧密,必须积极开展应用型研究,有效地推动创新型经济的发展。之后,欧洲其他国家也相继立法创办应用技术类型高校,如芬兰1991年启动了创建多科技术学院的试验、奥地利1993年设立了9所应用技术大学、瑞士1995年颁布了《应用科技大学联邦法》、俄罗斯2009年开展应用型学士培养,这些举措较好地满足了本国经济社会发展对技术技能型人才的需求。

20世纪70年代,为了满足第二产业对于高级技术人才的需求,日本对高等教育提出教育目标要多样化的改革口号。1976年日本创办了丰桥技术科学大学和长冈技术科学大学,注重课程综合化,延长实训时间,重点培养学生的工程技术应用能力,从而推进了产学合作,提升了社会服务质量。

二、国内农业应用型人才培养的历史和现状

在20世纪20—30年代,我国学者就已经开展了关于农业应用型人才培养的研究与实践,较为典型的有:

由黄炎培等主导的中华职业教育社进行的农村改进实验,陶行知创办的乡村师范和山海工学团,晏阳初主持的中华平民教育促进会开辟的农村教育试验区,梁漱溟从事的乡村建设运动等,这些研究与实践形成了当时蔚为壮观的中国乡村教育运动。在现有文献中,对应用型人才培养的研究论文频度较高的主要集中在以下几个方面:

一是阐释应用型人才的特征、含义、分类、能力结构和培养意义。如车承军、苏群认为应用型人才培养是我国经济社会发展的需要,也是高等教育大众化本身的应有之义;陈小虎分析了新建应用型本科院校产生的时代背景以及对我国社会发展的促进作用,论述了新建应用型本科院校的基本特征,指出其办学不能走传统本科教育的老路,必须更新思想观念,创新建设思路,开拓培养途径,改革培养模式,在国家的政策引导与支持下健康快速发展。李娜、解建红认为应用型人才具备的主要能力特征应是具有极强的应用能力和实践能力,极强的工作岗位适应能力。

二是对应用型人才培养模式的研究。人才培养是一项复杂的系统工程,其核心是人才培养模式。人才培养模式是对人才培养过程的总体设计、分步实施和过程管理的一个完整的人才培养实施方案,解决的是"培养什么样的人"和"怎样培养人"的问题。教育部《关于深化教学改革培养适应21世纪需要的高质量人才的意见》中关于人才培养模式的概念,即"人才培养模式是学校为学生构建的知识、能力、素质结构,以及实现这种结构的方式,从根本上规定了人才特征并集中体现了教育思想和教育观念"。《关于进一步加强高等学校本科教学工作的若干意见》强调"坚持传授知识、培养能力、提高素质协调发展,更加注重能力培养,着力提高大学生的学习能力、实践能力和创新能力,全面推进素质教育"。秦悦悦认为应用型人才培养模式就是以培养学生实际应用能力为主要特色。张日新提出了"两段式"培养过程,"两平台,多方向"本科应用型人才培养模式。陈小虎将应用型人才培养模式概括为"一条主线、两个方向、三项原则、四个突出"。

三是改革实践经验介绍。如刘国荣介绍了湖南工程学院为适应国家对工程应用型本科教育的发展需要,开展应用型本科教育改革的经验。谭明华介绍了河南牧业经济学院应用型人才培养的经验。奚广生介绍了吉林农业科技学院中药学院通过完善和修订教学计划和构建、优化人才培养模式及培养过程等方式,有效提高学生动手能力、创新能力和创业能力,保证应用型人才培养质量的经验做法。

四是综合众多高校应用型人才培养的实践,从战略高度审视应用型人才培养中存在的问题,把握关键环节,提出对策建议。陈正元在对应用型本科院校的现状、发展环境和办学定位进行分析的基础上,阐述了对应用型本科院校发展目标的几点思考。刘衍聪、李军提出基于OBE的理念,设计应用技术型人才培养方案,有助于形成并提升应用技术型人才培养的特色和质量。田春燕认为受认识上的分歧以及应用型高校评价指标体系的制约,应用型本科院校的人才培养方案难以从实质上体现应用型人才培养的特征,有必要建立适应不同专业人才发展的培养规格、课程体系、人才培养模式以及教师队伍。吴佳清从定性、定量和"综合"三个维度构建应用型本科人才培养方案的质量标准。李心忠、林棋从人才培养目标定位、产学深度结合、课程体系设置、师资队伍建设四个方面,提出以产业集群人才需求为导向、以产学结合为抓手,走普通教育与职业教育相结合之路,将是今后应用型本科院校转型发展的方向。

当前,我国农业正处在加快转变生产方式、推动产业结构调整升级、发展现代农业、实现农业现代化和实施乡村振兴战略的关键时期，党的十九大进一步提出建设现代农业产业体系、生产体系和经营体系，促进一、二、三产业融合发展，要完成这些阶段历史任务，需要大力发展农业职业教育，培养大批技术应用型人才充实到农业生产一线，开展应用技术研究，推广先进的农业科学技术，解决农业生产中遇到的实际问题。从党的十八大提出要加快发展现代职业教育，推动高等教育内涵式发展，到国务院《关于加快发展现代职业教育的决定》颁布，国家的大政方针都表明要发展不同层次的职业教育，特别是要"采取试点推动、示范引领等方式，引导一批普通本科高等学校向应用技术类型高等学校转型，重点举办本科职业教育"。

2010年以来地方高校转型发展和应用型人才培养的研究，在学术界开始受到广泛关注和普遍重视。侯长林认为地方本科高校走转型发展之路，是地方经济社会发展的需求，也是教育改革尤其是现代职业教育体系建设发展的需要。徐志强认为以建设"应用科技大学"为目标培养高层次应用型人才，借此探索地方高校与地方经济社会发展深度融合的新路径。胡岸认为与普通本科院校相比，应用型本科院校更加突出在专业设置的区域性、应用性和适时性，必须围绕地方产业链的转型发展和地方企业的现实需求，进行学科专业调整，打造服务地方企业及区域经济社会转型发展的特色专业，以提升地方本科院校服务地方行业企业的能力。刘彦军认为从人才培养方面看，传统高校更注重知识的传授和研究能力的培养，而应用技术型高校则注重技术技能的培养；从科学研究方面看，传统高校重视知识的生产和创新，而应用技术型高校重视现有科技知识的转化、应用和推广；从服务社会方面看，传统高校通过科学研究和人才培养间接服务社会，而应用技术型高校在产教融合培养人才的过程中直接服务社会。刘献君（2018）认为"部分本科高校"向应用型转型，目的在于培养应用型人才，转型是确定目标方向的一个动态发展的优化过程。

在高等农业教育和地方高校服务新农村建设和乡村振兴方面，瞿振元（2006）认为新农村建设对农业科技、高素质农业科技人才有巨大的需求。要真正实现新农村建设的目标，达到粮食稳定增产、农民持续增收以及农村经济社会全面发展，进一步提高我国农业的国际竞争力，"科教兴农"是关键之招。加速农业科技成果转化，提高科技对农业生产的贡献率，培养和造就新农村建设需要的高素质科技人才，是赋予农业高校的历史使命。郑小波认为在新农村建设中，农业高校既要适应国家对高等教育的整体要求，又要考虑学校自身的条件，发挥科技创新、人才培养和科技服务等重要功能，瞄准国家目标，整合科技资源，组织和承担国家重大农业科技任务，提高农业科技创新能力。国万忠、袁艳平认为建设社会主义新农村，教育是基础，科技是关键，人才是保证。高等农业院校应提高政治站位，强化责任担当，坚定不移地走科教兴农、人才强农之路。王晓娥认为地方高校可以利用其人才培养优势，培养农村留得住、用得上的高素质专业人才。史文宪认为，农业高等教育在农业教育体系中所处的位置就决定了其要担负起为农业发展、农村繁荣、农民增收、农业教育提供高级创新型人才与应用型人才的重任。新农村建设，要求农业高校必须调整人才培养目标，优化人才培养结构，培养下得去、留得住、用得上、干得好的应用型人才。沈振锋认为农业高校在为农业经济发展储备高素质人才的同时，已日益成为引领科技创新和新产品研发的一支主要力量。史文宪认为科技是农业发展的强大动力，农业高校是农业科技原始创新的主体之一。建设社会主义新农村要求农业高校主动纳入国家农业科技创新体系，提高自主创新能力和消化吸收能力，重视农业科技的基础研究、应用研究和科技开发，为增强农业科技创新能力做出积极的贡献。王银芬认为地方高校可以发挥人力资源优势和科技资源优势，为新农村建设提供科学指导与技术支持。穆养民认为，高等学校可以利用自身的教育资源和人才优势，开展形式多样、内容丰富的新型农民培训教育工作，建立以大学为依托的农民培训教育体系。史文宪认为农业高校可能通过职业教育、成人教育、科技培训班等方式培养和造就一批科技示范户和科技带头人，并通过他们带动更多的农民。

综上，我国高等农业教育和应用型人才培养既有理论研究，又有实践经验。应该说取得一定成绩，但还存在以下问题：一是理论研究多，实践研究少，多数农业高校自觉服务新农村建设的意识不强。二是缺乏根据农民的视角进行研究分析问题。众多研究都是仅出于研究者的视域进行论述高等教育如何服务新农村，很少能站在农民的立场去分析，从而提出更实效的服务。三是研究内容单一、分散，服务面较窄，在遵循高等教育规律的前提下，全面系统建立高校服务乡村振兴体系的研究还不多。

第四节 农业应用型人才培养的原则

面向现代农业发展和乡村振兴的需要，适应高等教育国际化要求，特色农业应用型人才培养要坚持以习近平新时代中国特色社会主义思想为指导，坚持通识教育与专业教育相结合，教学、科研与社会服务紧密结合，深化课程体系与教学内容方法手段改革，注重实践能力和创新精神培养，为乡村振兴提供人才保障。

一、通识教育与专业教育相结合原则

通识教育是专业教育的上位概念，不仅包含专业教育，而且是专业教育的延伸、深化，与专业教育相辅相成、互为补充。应用型农业院校应在通识教育质量观的指导下，加强学科交叉、渗透和融合，促进学生知识、能力和素质协调发展。

二、科学教育与人文教育相结合原则

人文教育可通过传统文化和现代文明相结合，培养人的道德情操，体现了教育的本质特征，科学教育在传授知识和技术，征服、开发自然中体现人的价值。应用型农业院校要准确把握二者的时代特征和发展规律，建树自身科学教育与人文教育融合观，使科学知识与人文知识有效融合，实现更高水平发展，培养具有创新精神和实践能力的新型人才。

三、应用型人才培养的共性与个性、统一性与差异性相结合原则

应用型农业院校要充分考虑学科专业和生源素质、毕业生就业岗位要求等特点，在遵循相对统一的、共同的质量标准的基础上，人才培养目标要突出针对性、实用性和发展性，注重知识、能力、素质协调发展的要求，在人才培养过程坚持共性与个性、统一性与差异性相结合原则，确保人才培养质量。

四、产学研结合原则

应用型农业院校的学科专业要求学校教学必须坚持产学研结合原则，

以提高学生实践能力为主线组织开展教学，鼓励学生参与科学研究和科技推广活动，通过产学研结合途径培养学生的学习能力、实践动手能力、创新能力和推广应用能力。

五、终身教育原则

传统的一次性学校教育不可能满足经济和社会快速发展的需求，学习是伴随人一生的活动，也是人自身发展的基础，因此，要树立终身教育的理念，坚持学校教育和终身教育相结合，不断培养适应经济社会发展需要的合格人才。

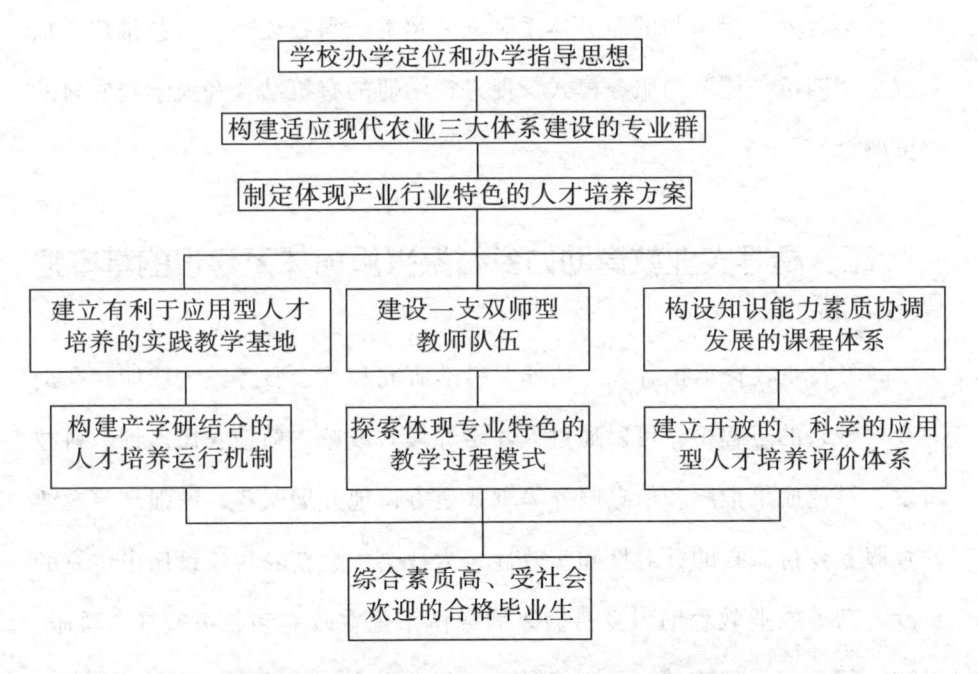

图 2-1 高等农业应用型人才培养模式构成框图

第五节 高等农业教育助力乡村振兴的服务体系

一、高等农业教育助力乡村振兴服务体系建设的基本思路

以市场需求为导向，以人才培养与科技创新为重点，以促进现代农业发展和提高劳动者素质为目标，构建以政府为主导、以高等农业院校为依托、社会各界广泛参与的服务体系和人才培养、科技创新、科技推广、信息服务"四位一体"的服务模式，促进产学研的有机结合和大学与农村的深度融合。

二、高等农业教育助力乡村振兴服务体系建设的基本框架和功能

高等农业教育承担着人才培养、科学研究和社会服务三大职能，在助力乡村振兴的过程中，可以通过人才培养模式改革、新型农民培训、科技研发、科技成果推广和信息服务等方式全方位地开展服务，增强高等农业教育服务乡村振兴的针对性和实效性，为社会主义新农村建设做出应有的贡献。高等农业教育助力乡村振兴服务体系是在政府和各级教育、科研、财政、行政部门的支持下，以高等农业院校为依托，通过中等农业院校、农业职业教育和农业科技推广部门联合涉农企业、农村经济合作组织，根据农业区域资源和产业特色，开展农业科技人才培养、农民培训、农业科技研发、推广农业先进实用新技术，促进农业科技成果转化和开展农业科

技信息服务（见图 2-2）。

从图 2-2 可以看出，从宏观层面上，乡村振兴服务体系包括服务主体、服务客体、保障支撑系统和监督评价系统几部分。

高等农业学校作为服务乡村振兴的核心，也是服务体系的主体。要想做好服务乡村振兴的各项工作，一方面应得到各级教育、行业部门的政策、资金和项目支持；另一方面，农业院校本身要通过体制机制创新，制定相关配套政策鼓励科技工作者走出校门，深入农业农村农民生产生活实际，结合生产生活实际开展科学研究，才能发现问题和解决问题，引领农业科技发展。同时，不断深入教育教学改革和科技创新，提高教育教学质量，促进农业科技成果转化。可见，高等农业教育服务乡村振兴，不仅对农业农村的建设发展起到重要的推动作用，而且对高等农业教育自身的改革和发展起到重要的推动作用，二者相辅相成，互为促进。

政府和各级教育行政部门构成服务体系的保障支撑系统的组成部分，要从政策制度层面加大对高等农业教育的支持力度，并提供必要的农业科研、推广和服务经费。教育行政部门作为监督评价系统的重要组成部分把高等农业院校服务乡村作为评价学校办学效益和办学质量的硬性指标，建立健全考评机制，引导和约束高等农业院校服务乡村振兴的行为，保证服务质量。

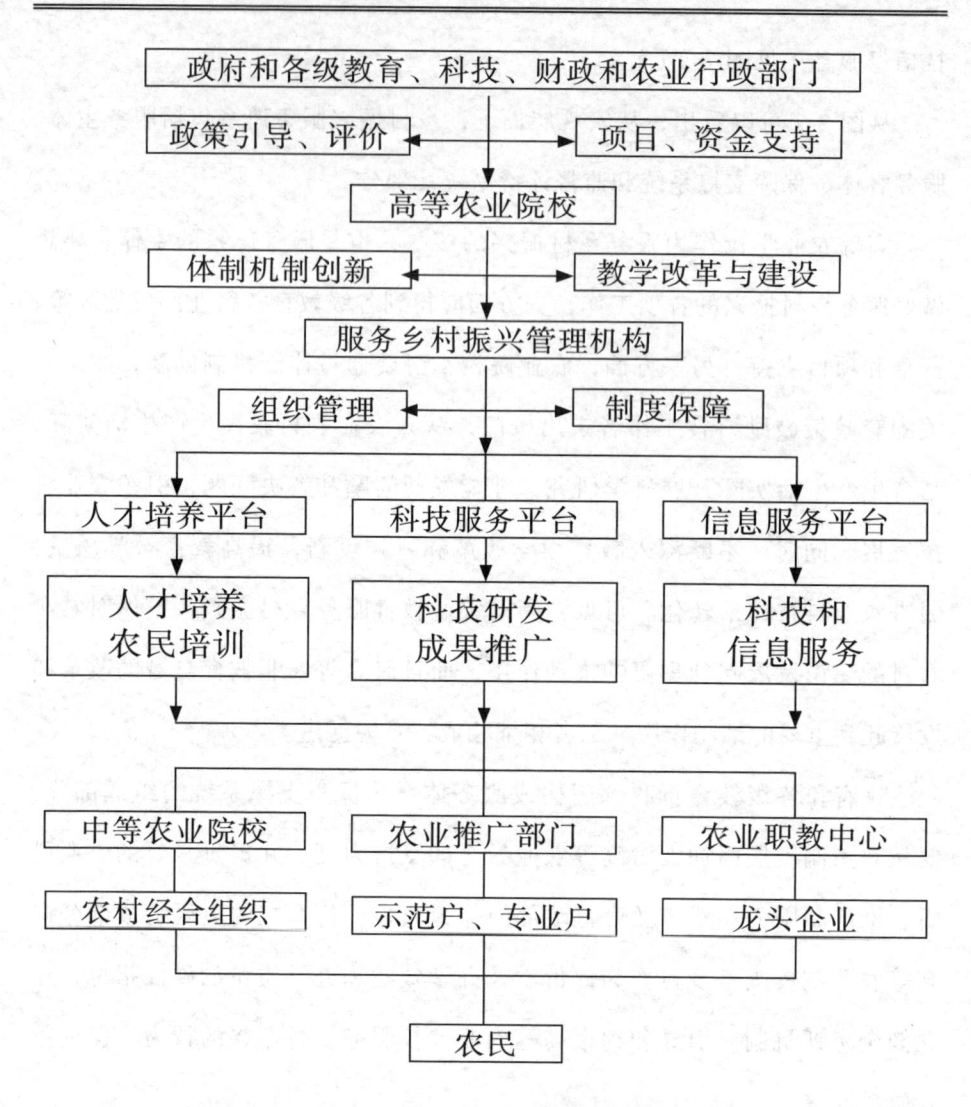

图 2-2　高等农业教育服务乡村振兴体系的基本框架

各级农业、科技、财政部门构成服务体系的保障支撑系统的组成部分，要与教育部门建立联动机制，从政策、项目和资金上给予高等农业院校必要的支持，支撑高等农业院校开展科技研发、科技推广和社会服务工作。

中等农业院校、农业职教中心、县乡农业推广站、农村经济合作组织、专业户、示范户、龙头企业和广大农民作为服务对象，既构成服务体系的客体，又作为监督评价系统的重要组成部分，应主动接受高等农业院校的服务，并为服务创造便利条件，协助高等农业院校的师生开展服务工作，及时反应、反馈高等农业院校的服务质量，促进服务持续、健康发展。

从微观层面上，高等农业院校通过成立乡村振兴服务管理机构和体制、机制创新，建立人才培养、科技服务和文化信息三个服务平台，以人才培养平台为龙头，以科技服务平台和文化信息平台为两翼，各平台相互联系、相互促进，引导广大教师为乡村振兴培养人才，研发和推广先进农业科学技术，传播先进文化和农业信息。

人才培养平台，包括学历教育和非学历教育两部分。学历教育包括专业设置、培养目标定位、人才培养模式、教学内容、教学方法、教学手段改革和教学基本建设、师资队伍建设等，为乡村振兴培养急需的应用型人才。非学历教育包括新型农民培训方式、内容、方法、手段的研究和培训效果评价等，为乡村振兴培训新型农民。

科技服务平台，包括科技研发和科技推广两部分。鼓励科技人员深入农业、农村生产一线，针对乡村振兴和现代农业发展存在的生产生活问题立项研究，培训、引进新品种，创新农业生产新技术，制定各生产环节质量标准，提高农产品质量和附加值，建立产前、产中、产后配套服务体系，促进农业科技成果转化，提高科技对农业生产的贡献率。积极争取各项政策和专项经费，促进现代农业健康持续发展。

文化、信息平台，收集、整理和处理各类农业信息，通过网络技术传播给农民，指导农民开展农业生产，传播文化知识，提高农民的科技文化素质，为乡村振兴提供文化信息服务。

三、高等农业教育助力乡村振兴服务体系建设的支撑条件

高等农业教育要建立助力乡村振兴服务体系，完成推动经济和社会发展的历史使命，除了其自身的内在机制，也需要社会为它提供必要的条件。

（一）加强政策创新，为乡村振兴服务体系建设提供政策支持

农业作为国民经济的基础，其在经济社会发展中具有举足轻重的地位和作用。而高等农业教育本身具有很强的行业性和发展的特殊性，对农业农村发展又起到重要的推动作用，在服务乡村振兴中高等农业教育发挥着不可替代的作用。国家、教育行政部门应加强政策创新，扩大农业院校招生比例，促进高等农业教育优先发展，为乡村振兴服务体系的建立提供制度保障。高等农业院校内部也应制定相应的配套政策，对服务乡村振兴的教师和专业技术人员给予经济上和地位上的支持，进一步调动教师服务乡村振兴的积极性和服务质量。

（二）加大经费投入，为乡村振兴服务体系建设提供资金保障

各级政府和教育行政部门要加强对农业教育的投入力度，增加教学经费，缩小农业教育经费的地区差，增加科技推广和社会服务专项经费，支持高等农业院校积极投身乡村振兴实践。各级农业、科技、财政部门应设立专项资金或通过科技研发、推广和农民培训等形式，支持高等农业院校的科研和社会服务工作。

（三）深化体制改革，为乡村振兴服务体系建设提供长效机制

国家、政府要加大体制机制改革力度，建立教育、农业、科技、财政等行业的联动机制，打通高等教育通向农村的渠道。吸收高等农业院校毕业生进入政府、各级农业管理部门和技术服务部门，更新人员结构和知识结构。积极引导高等农业院校参与农业推广和农民培训，并逐步建立推广"以高等农业院校为核心"的"人才培养、科技研发、科技推广和信息服务""四位一体"的"三农"服务模式，提高服务质量。政府和社会要加强政策引导和舆论宣传，积极营造高等农业教育服务乡村振兴的外部环境，克服不利因素，为高等农业教育服务乡村振兴体系的建设提供良好的机遇。

（四）深化教学改革，为乡村振兴培养急需的应用型人才

高等农业院校要以乡村振兴的人才需求为导向，以应用型人才培养为核心，调整学科专业结构，深化教学内容、方法手段改革，坚持产教融合、政校企业合作，优化人才培养模式，培养学生创新创业能力、实践动手能力，助力乡村振兴战略实施。

（五）加强引导，促进农民思想观念的转变

现阶段我国农民接受教育培训的意识仍很淡薄，学习新知识、接受新技术的能力受传统农业和小农意识的束缚，在一定程度上影响了高等农业教育服务乡村振兴的积极性和服务质量。因此，各级政府应积极引导农民转变观念，破除各种束缚，自觉接受现代科学文化知识和技术，努力使自己成为一名合格的新型职业农民。

第三章 产教融合的内涵及其思想发展

随着社会经济发展方式的转变与产业结构的深度转型和升级，产教深度融合成为我国职业教育改革的重要抓手、现代职业教育体系建设的实践指向和职业教育发展的必然选择。国务院《关于加快发展现代职业教育的决定》(国发〔2014〕19号)明确提出"加快现代职业教育体系建设，深化产教融合、校企合作，培养数以亿计的高素质劳动者和技术技能人才""到2020年，形成适应发展需求、产教深度融合、中职高职衔接、职业教育与普通教育相互沟通，体现终身教育理念，具有中国特色、世界水平的现代职业教育体系"。产教融合是在广泛借鉴和吸收发达国家职业教育的人才培养经验并结合中国实际提出的、加快现代职业教育发展的重要指导思想。

第一节 产教融合的两个层次

一、产教融合的含义

产教融合的两层意义。产学融合是一个广义的概念。"融合"意为"几种不同的事物合为一体"，意义同"融和"。"融合（和）"比"结合""合作"立意更高，更强调"产"和"教"彼此之间的联系、互动、和谐。这里我们需要首先弄清"产教"的含义。"产教"有两层含义。第一层含义是指产业（行业、企业）与教育（主要是学校教育）。产业在《现代汉语词典》解释为"构成国民经济的行业或部门"。从经济学角度解释，产业是指存在并发展于社会、经济、管理活动中的人才、技术、资金、物资、信息等要素及这些要素连接而成的社会生产的基本组织结构体系。产业从属于经济，企业是产业的外在表现形式或构成单元。产业结构是国民经济结构中各产业之间的比例关系和结合状况，是国民经济结构的主体和基础。随着经济和社会的发展，产业的内涵和外延不断丰富，其英文对应词 industry 也有"工业、企业、制造业、行业"等多种解释。由于职业教育具有教育与经济的双重属性，职业教育资源具有生产性资源的特征，产教之间的关系也通常用经济结构与教育或专业结构的关系原理来解释。从这层意义上讲，产教融合涉及职业教育的办学思想和体制构建问题。第二层含义是指"产教"可理解为"生产与教学"，其中，"生产"（含服务和经营）是职业教育教学的重要形态，侧重教学的实践情境；"教学"则侧重知识内容和技能、方法的学习。从这个层面来讲，产教融合侧重职业教育的教学模式和方法问题。职业教育的专业设置必须契合产业要求，课程内容必须对接职业标准，教学过程必须贴近生产过程，人才规格必须达到企业标准。

第二节 产教融合的概念界定

基于以上对"产教"与"融合"的分析，我们试图对产教融合的内涵进行界定。笼统来讲，产教融合是产业系统与教育系统相互融合而形成的有机整体。具体来讲，产教融合是教育部门（主要是院校）与产业部门（行业、企业）在社会范围内，充分依托各自的优势资源和优势，以互信和合约为基础，以服务经济转型和满足需求为出发点，以协同育人为核心，以合作共赢为动力，以校企合作为主线，以项目合作、技术转移以及共同开发为载体，以文化共融为支撑的产业、教育内部及之间各要素的优化组合和高度融合，各参与主体相互配合的一种经济教育活动方式。

第三节　产教融合的基本特征

从以上产教融合概念的界定可以看出，职业教育产教融合具有如下六个基本特征：

一、产教融合的"双主体"特征

产教融合是产业和院校"双主体"的相互作用与联系。企业是产品生产、技术开发和成果应用的主体，高校是人才培养的主体，两者缺一不可，共同参与高素质劳动者和技术技能型人才培养。院校要发挥主动性，积极融入产业、结合行业、联系企业。本书所持的这种观点与一般只承认企业是产学合作主体的看法截然不同。

二、产教融合的"跨界性"特征

"工学结合、校企合作"的办学思想和人才培养模式，彰显明确的"跨界"特性。产教融合是生产和教育要素有机组合的形式，它既是教育性的产业活动，又是产业性的教育活动，是教育性与产业性的有机统一，与政府的推动作用和社会的参与密不可分，体现明显的"跨界"特征。

三、产教融合的"互利性"特征

产教融合的互利性是指产教融合的主体双方具有"双向互动的和谐统一关系"，互动是指具有相互联系的双方使彼此发生作用或变化的过程，其目的是为了获得彼此满意的效果与结果。基于满足"产""教"双方需求的互动形成对双方发展的驱动。职业教育通过对区域产业所需技术技能人才的输出形成对区域产业的发展驱动，而区域产业通过对职业教育技术技能人才的需求形成对职业教育的发展驱动，彼此在相互作用、相互影响中互动融合与发展。产教融合的互动性表明，"产"与"教"通过以人才供需关系为纽带的互动实现融合，通过融合实现良性互动。

产教融合能够带来主体共赢效果。对职业院校而言，将自身融入区域产业的发展环境中，有利于跟进区域产业发展转型、结构调整设置和建设专业，有利于人才培养目标定位，有利于课程开发建设，有利于"双师"队伍建设，有利于实践基地建设，有利于人才培养模式创新，有利于促进毕业生就业和提高就业质量；对区域产业而言，将自身融入职业教育的发展背景下，有利于建设区域产业发展所需技术技能人才的稳定可靠来源，有利于区域产业的人才需求对接职业院校的人才培养以获得高素质技术技能人才，有利于提前吸纳毕业生接受企业文化熏陶，有利于与职业院校合作开展技术研发和享受技术支持服务，有利于企业员工的培训与继续教育，有利于促进企业生产效率与经济效益的增长等，归结起来，即产教融合能够促进职业教育与区域产业互惠双赢。

通过产教融合，高校和企业资源共享，实现自身利益的最大化，这是产教持续合作的动力和根本目标。同时，产学融合也具有明显的"公益性"特征，以提升教育能力和社会利益最大化为目标，需要校企双方承担协同育人的社会责任。

四、产教融合的"动态性"特征

经济结构包括产业结构、就业结构、技术结构等要素，产业结构优化升级是经济结构战略性调整的重点。教育结构包括类别结构、专业结构、程度或级别结构等，它的调整受经济结构的制约，又反作用于经济结构并促进经济结构不断完善。产业结构调整必然引起就业结构的变化，而就业结构的变化又反过来促进高校的专业结构调整。同时，教育结构（包含专业结构）内部也处于不断变化、改革和调整中。因此，教育结构与产业结构之间的不适应是常态，两者始终处于从不适应到适应再到不适应的动态循环和变化之中，具有"动态性"。

五、产教融合的"层次性"特征

产教融合的层次性是指产教融合的方式与重点因职业教育的层次不同而不同。虽然高职教育与中职教育同属职业教育，但因生源对象不同，其人才培养目标与规格要求不同，因而实现产教融合的方式与重点便有所不同。中职教育的生源对象是初中毕业生，学生文化程度较低，其培养目标是技能型人才，因而产教融合的重点是培养学生的一线重复性操作岗位的操作技能。高职教育的生源对象是高中毕业生和中职毕业生。他们的文化程度稍高或具备一定的操作技能，并具备一定的问题导向思维培养潜力。

其培养目标是技术技能人才，因而产教融合的重点是培养学生的一线生产技术应用能力及创新能力，尤其是培养学生发现技术问题、分析技术问题和创新解决技术问题的能力。

经济发展和结构调整必须依靠知识和技术创新。知识不再是院校的"专利"，而被视为企业最重要的战略资源和提高企业竞争力的关键，成为产学合作中的重要因素。产教融合的实质是校企之间知识的流动和增值。教育通过与产业融合提升品质，产业通过与教育融合寻求技术支撑，两者交融，实现知识、技术、人才等要素的合理流动。

六、产教融合的"知识性"特征

产教融合的职业性是指产教融合针对职业教育而言，指向区域产业基层职业所需技术技能人才的职业能力培养。由于职业教育是"传授某种职业或生产劳动必需的知识、技能的教育"，是"培养人学会生存技能的社会活动"，具有明确的"职业定向性"，而产教融合是服从于职业教育人才培养的，因此产教融合具有明显的知识性特征。

一是宏观层面的国家和地区国民经济和事业发展战略和规划中有关产业与教育融合的方略设计；二是中观层面的教育部门（含院校）与产业部门（含行业、企业）基于"需求导向"的办学思想、办学体制、办学行为的相互适应和配合；三是微观层面的院校教育教学过程与企业生产过程的衔接和统一。

第四节 产教融合思想的形成和发展

职业教育与产业、行业、企业有着天然的联系。产教融合也称"产教结合",是早期产学合作教育的升级版,是历史发展的必然产物,与职业教育相伴而生、相辅相成,是贯穿、支撑和引领职业教育发展的重要教育思想。在我国,产教融合职业教育思想的形成大致经历了七个阶段。

一、产教融合思想形成的第一个阶段

(一)近代时期

近代的"实业教育"阶段(1865—1911)。实业家张之洞、周学熙等分别提出"讲习与历练兼之""共学并举"的兴办教育和兴办实业结合、实业生产与教学活动结合的产教结合思想,这是职业教育产教结合思想的萌芽阶段。

"讲习与历练兼之。"张之洞作为"实业兴国"的倡导者,认为培养人才不仅在于要学生掌握空泛的书本知识,更主要的是培养学生的动手能力,以适应日后工作的需要,他提倡"讲习与历练兼之"。在实业学堂教学中,张之洞认识到理论与实践之间的相互依存关系及学生动手能力、实干精神培养的重要性。因此,《奏定实业学堂通则》中规定各实业学堂的课程都由"普通科目"和"实习科目"两部分组成,各学堂都应准备实习场所和实习器具,高等农业学堂当备"肥料制造场、农事实验场、各种实习室、农具室";高等工业学堂当备实习工场;高等商船学堂则当备"练船坞及实习练船"。

张之洞还注意到实业学堂校址的选择,他认为,"通商繁盛之区,宜设商业学堂;富于出产之区,宜设工艺学堂;富于海错之区,宜设水产学堂",这样既能给学生实习提供便利,也能促进学堂附近地区社会经济的发展。张之洞的这种产教结合思想实际上就是要求教育教学过程同生产过程融为一体、互相渗透,教育教学要求同生产任务统一安排、密切结合。

"共学并举。"周学熙,中国近代著名的实业家。他在兴办实业教育的过程中敏锐观察到近代工业学堂培养的人才"理论多而实验较少""大抵因习其理而不习其器,则终无真切之心得"的弊端,因而主张"共学并举",即学校的理论学习和实业生产相互融合。周学熙为了实现自己的这一思想,成立了实习工厂和劝业铁工厂,规定实习工厂必须"与工业学堂联络一气,兼以工厂为工业学生实验制造之所,而学堂各科教习可为工厂公徒讲课之师,相辅而行"。为进一步提高实习水平,他还要求师生每次实习都要和工匠一起设计,制造出三匹马力卧机一副,并把它列入实习课考试的主要内容。他认为这样做可使学生达到"举一反三,充其识力造他式之机器"的目的,这种"习其理"和"习其器"相结合的做法实际上就是产教结合思想的一种体现。

从近代兴办实业教育的过程可以看出,一些实业家认识到教育要与实业相互促进、共同发展,实则是当时历史条件下产教结合思想的特定形式,即将兴办教育和兴办实业结合起来。这种结合既有宏观层面的实业和教育结合,也有教学体制层面上的实业生产与教学活动的结合。这一时期是职业教育产教结合思想的萌芽时期。由于当时发展实业教育主要是为了挽救腐朽的清王朝,因此有关产教结合的思想不可避免地带有一些封建色彩,但这相对于传统教育思想而言,在当时已经是一个巨大的进步。

（二）民国时期

民国初期。黄炎培、陶行知等大力倡导"手脑并用、做学合一""产教联办""生利主义"的"教学做合一"的产教结合思想，这是初期产教结合思想形成阶段。

民国时期的职业教育摆脱了封建体制的束缚，同时受西方教育思想中重视技艺教育的影响，职业教育在这个时期有很大的发展。黄炎培、陶行知等教育家是这个时期职业教育思想的代表人物，产教结合思想在他们的教育活动中贯穿始终。

"手脑并用、做学合一。"黄炎培，中国职业教育改革的先驱者。他认为职业教育应该"理论与实习并行，知识与技能并重。如果注重书本知识，而不在实地参加工作，是知而不能行，不是真知，职业教育目的乃在养成实际的、有效的生产能力"。于是，他提出"手脑并用、做学合一"的原则。1917年黄炎培兴办了中华职业教育社，中华职业教育社在章程中明确规定：本校特重实习，生徒半日授课、半日工作，务期各种技能达到熟练的程度。中华职业教育社主办的职业学校都大力倡导"产教联办"，职业学校都办工厂（场）、农场、商店、蚕场、林果场等，为学生提供实习场所，使学生不仅学到理论知识，而且掌握必要的操作技能。

"生利主义职业教育。"陶行知，我国民主革命时期的人民教育家。他在对旧中国教育现状和社会实际的考察研究中，针对当时教育"教用脑的人不用手，不教用手的人用脑，所以一无所能"的通病及"教人分利不生利"的现状，大力提倡"生利主义"的职业教育思想。通过职业教育给人以适合其个性特长的专业化技能训练，培养能够掌握特定劳动部门的基础知识、实用知识和技能技巧的人才及经营管理人才，并能在实践中对人类、对社会做出应有的贡献。据记载，陶行知在南京郊区创办的晓庄师范学校校内设有农艺馆、工场、畜牧场、合作社等，还与中华职业教育社合办"晓庄茶园"和"木匠店"，根据"生利主义"精神和"学做合一"的教育法培养技术人才。其实，这是"以产兴教"的产教结合思想。综上可见，民国时期的产教结合思想强调的是微观层面教学体制上的产教结合，即把教育教学过程同生产（含经营、服务）过程融为一体、互相渗透，教育教学要求同生产任务统一安排、密切结合。这一阶段是产教结合思想真正形成的时期，为后来产教结合思想的发展奠定了坚实的基础。

二、产教融合思想形成的第二个阶段

（一）改革开放初期

国家先后出台《关于教育体制改革的决定》（1985）、《关于大力发展职业技术教育的决定》（1991）、《中华人民共和国职业教育法》（1996）等重要文件，明确提出职业学校要实行"产教结合"的办学思想，鼓励"积极发展校办产业，办好生产实习基地"，大力倡导职业教育紧紧依靠企业、行业，面向社会办学，为经济社会服务。

1989年9月，国家教委下发《关于在一百个企业进行教育综合改革实验的通知》，要求各实验企业以建立现代企业教育制度为目标，进行企业职工教育体制的改革与实验。这时，企业纷纷兴办各类职业教育。1991年，在国务院《关于大力发展职业技术教育的决定》中强调，各类职业技术学校和培训中心应根据教学需要和所具备的条件，积极发展校办产业，办好生产实习基地，提倡产教结合。1996年颁布的《中华人民共和国职业教育法》第23条明确规定，职业学校、职业培训机构实施职业教育应当实行产教结合，为本地区经济建设服务，与企业密切联系，培养实用人才和熟练劳动者。1999年，中共中央、国务院《关于深化教育改革 全面推进素质教育的决定》再一次明确指出，教育与生产劳动相结合是培养全面发展人才的重要途径；各级各类学校要从实际出发，改进和加强对学生的生产劳动和实践教育；职业学校要实行产教结合，使学生在生产实践中掌握职业技能。改革开放初期，我国的产教结合思想主要体现在中观层面上，即办学体制上的产教结合。教育部门、教育单位（学校）同产业部门、产业单位优势互补、合作办学，学校按行业、企业的需要办学，行业、企业参与办学的全过程。在企业、行业发展较好的地方，积极鼓励中等职业学校与企业结合，较好地解决了城市职业学校教学实习、就业与生产劳动的结合。这一时期的产教结合由于得到国家政策的大力支持和良好的外部环境，处于迅速发展的时期，职业教育发展也因此呈现出勃勃生机。

三、产教融合思想形成的第三个阶段

（一）社会经济迅速发展期

社会经济迅速发展期（20世纪90年代中后期—2010年）。这一时期是职业教育规模迅猛发展的时期，中等职业教育与高等职业教育并驾齐驱，高职教育占高等教育的"半壁江山"。教育部《关于以就业为导向 深化高等职业教育改革的若干意见》明确提出，高职教育应坚持走"以服务为宗旨，以就业为导向，走产学研结合"的发展道路。国务院《关于大力发展职业教育的决定》（2005）和教育部《关于职业院校试行工学结合、半工半读的意见》（2006）明确提出，要大力推行"工学结合、校企合作"的培养模式，指出职业院校要"与企业紧密联系，加强学生的生产实习和社会实践，改革以学校和课堂为中心的传统人才培养模式",使产教结合的思想具体落实到人才培养模式上来。特别是《关于全面提高高等职业教育教学质量的若干意见》(教高〔2006〕16号)更细化了"工学结合""校企合作"培养模式的具体要求,成为近年来高职教育教学改革的行动指南。

2002年是产教结合思想发展的"分水岭",产教结合思想较以往表现形式更加具体化和微观化,更多强调的是教学体制上的结合,主要表现形式有"工学结合""校企合作"等。各地职业学校纷纷实行"校企合作、工学结合"的办学模式,通过"订单式培养"为社会输送了大批理论扎实、技术娴熟的劳动者,为推动社会经济的发展、技术的进步做出了巨大贡献。2002年至今是产教结合思想得以贯彻的最好时期,其表现形式也开始趋于多元化。产教结合思想被赋予新的内涵:它不但是一种教育思想,更体现为一种人才培养模式。

(二)经济产业深度转型时期

经济产业深度转型时期(2010年至今)。经过前一时期的发展,"我国高职教育已走出规模发展的阶段,职业教育逐步进入内涵发展阶段"。《国家中长期教育改革和发展规划纲要(2010—2020年)》明确提出"实行工学结合、校企合作、顶岗实习的人才培养模式"。基于此,《中等职业教育改革创新行动计划(2010—2012年)》也提出"以教产合作、校企一体和工学结合为改革方向"和"教产合作与校企一体办学推进计划"。2011年财政部、教育部实施高职院校提升专业服务产业发展能力项目,重点引导专业建设适应区域重点产业布局。随着国家经济发展方式和产业结构的深度转型,党的十八届三中全会不失时机地提出"深入推进产教融合、校企合作"的职业教育发展战略举措,并出台《关于加快发展现代职业教育的决定》，将产教融合作为加快发展我国现代职业教育的指导思想和基本原则。

第五节　产教融合的三个要素

产教融合向广度和深度拓展，是增强办学活力、提高人才培养质量的根本途径，是破解矛盾、解决问题和提高院校核心竞争力的必然要求。当前，全国各地都在加速经济转型和产业升级，职业院校之间的竞争也日趋激烈。可以说，哪所院校推进产学融合的切入点找得准、体制活、机制畅、模式好、措施实、开放度高，产业要素就会向哪里聚集，学校就能赢得发展先机。同样，哪所企业提前介入产教合作，它就优先获得高素质劳动者和技术技能人才的选择权，就能提高企业的产品附加值和利润。产教融合的成效取决于教育与产业两者在结合点合作的广度、深度和力度。

第一，广度，即范围和内容。产教融合涉及教育与产业、学校与企业、专业设置与职业岗位、课程标准与职业标准、学历证书与职业证书、教学过程与生产过程、教学项目与生产项目、学校文化与企业文化、学校管理与企业管理、职业院校教师与企业工程师（经济师、管理师）、教育科研与科技开发、教学与培训、实习实训与就业创业等多种要素的对接和适应。校企双方要结合区域和行业需求，依托优势，找准定位，共定制订方案、共同开发专业、共建课程体系、共组教学团队、共研科技项目、共商教学内容、共建实训基地、共定考核标准、共同管理、共享资源、合作育人。职业院校要发挥积极主动作用，与行业、企业一起全面推动教育随着经济

"走",办学规模按照市场需求"动",专业结构跟着产业结构"转",人才培养规格适应社会和企业需求"变",教、训结合行业、企业项目、案例"做",校园文化融入企业、产业文化"建",专业教师按照企业工程师"培",教学运行参照企业"管",质量考核比照行业标准"验",多途径、多形式、全方位落实产教融合政策,推进校企合作,实现工学结合。

第二,深度。可解释为"(工作、认识)触及事物本质的程度""事物向更高阶段发展的程度"之意。产教深度融合、校企深度合作是职业教育发展的方向。从某种程度上讲,一所院校产教融合的"深度",决定其生存和发展的高度。要解决产教融合的"深度"问题,一是认识要有深度。要树立产业深度转型下职业教育必须面向和融入产业发展才有出路的认识,只有思想认识深刻、深入、深化,才能产生动力、激发活力、挖掘潜力,把产教融合推向更高阶段。二是合作层次由浅入深。实现产教融合,关键在于校企合作。产教结合、校企合作的涉及面很广,为此,职业院校要结合自身的办学特色和优势,找准企业与学校的利益共同点和联系点,选准突破口,逐步深化,以点带面,逐步提高产教融合层次。从中小企业合作开始,逐步与知名企业靠近,从小项目发展到大项目,进而向其他方面延伸,逐步提升到战略合作层面;从实践实训模式到订单培养、定向培养、社会培训、企业职工再教育,进而发展到全方位合作;从简单的技术转让向合作开发、委托开发、共同建立研发和产业化实体、组建股份制企业等转变;从面向一个企业向面向一个行业转变;合作从最初的院校"一厢情愿"到校企"两情相悦";合作从被动适应性、随意性、盲目性向积极主动性、规范性、科学性转变。三是拓展融合途径。产教融合包括专业共建、实习基地共建、校中厂、厂中校、教学工厂、订单式培养、委托培养、工学交替、生产性教学等多种校企合作模式。此外，契约合作也是一种新型的产教融合途径，校企之间通过协议、合同方式建立战略合作关系，形成战略联盟。通过契约合作，职业院校可引进企业的设备、技术、标准等并转为自身可利用的教育资源，企业也可利用院校的人才、科研等要素深化合作。四是建立深度融合长效机制。从办学体制上，逐步建立与现代企业管理制度相适应的现代学校管理制度及内部治理体系，如组建学校、行业、企业、科研机构、社会组织等共同参与的学校理事会、董事会或覆盖全产业链的职业教育集团，这是深化产教融合的制度保障和改革方向。从运行机制上，形成"人才共育、利益共享、责任共担、过程共管"的紧密、稳定的校企合作机制，是产教融合的根本保证。从可持续发展上，形成行业、企业和职业院校共同推进的人才、技术、技能积累创新机制，是产教融合的内在动力。

第三，力度。力度即推进产学融合、校企合作落实的强度。产教融合不仅成为当今职业教育发展的共识，更要转化为职业院校的意志、行动和价值追求。产教融合、校企合作的实效要通过人才培养质量和服务区域、行业经济的能力体现出来。值得注意的是，当前职业教育在社会上认同度不高、吸引力不强，除外部环境不完善外，也有教育内部的原因。主要表现在：院校普遍认为产教融合重要，但实际办学往往脱离产业需要；大家都认为校企合作必要，但实际合作常常处于短期实习的粗浅层次，重数量轻质量，不少合作流于形式；工学结合被视为职教特色，但在实际教学中又往往重理论轻实践、重校内轻校外；专业是教育与产业联系的纽带、学校发展的核心竞争力，但开设起来过于随意，不问市场，忽视需求，盲目上马；课程是教育改革的抓手，但教学内容往往脱离生产实际，教学标准脱离职业标准；院校对制约产教融合的内部问题认识最清楚，但往往缺乏克难致胜的勇气、破解矛盾的魄力和脚踏实地的作为，这些问题都在一定程度上影响了产教融合的"力度"，必须引起学校的高度重视。职业教育要坚持把"产教融合、校企合作"作为推动现代职业教育体系建设、体制机制改革和人才培养模式创新的重要策略。职业院校办学要主动围绕区域经济和产业发展战略，贴近市场需要，体现就业导向，不断优化专业结构，主动调整人才培养方案，创新技术技能人才培养模式，真正把产教融合的思想落实到学校管理和人才培养的各个方面、各个层次和各个环节，提升专业服务区域产业的能力，增强人才培养的社会适应性。行业、企业要在产教融合、校企合作中发挥积极、能动作用，以多种形式参与职业教育人才培养，为校企合作培养人才提供有力支撑。政府要为校企合作提供良好的外部保障环境，建立投入机制，理顺管理体制，强化行业指导和企业参与，统筹整合区域教育和产业资源，充分发挥其在产教融合中的推动、引导、支持和监控作用。

综上所述，产教融合是我国社会经济发展方式转变和产业结构调整升级对新时期职业教育的必然要求，是构建中国现代职业教育体系的重要内容、加快发展现代职业教育的重要路径。产教融合教育思想对指导我国当前和未来的职业教育教学改革及促进区域经济的发展必将产生深刻、重要的影响。

第四章 职业教育中的产教融合因素

第一节 技术与颠覆中的职业教育

一、技术趋势：未来的职业教育

以计算机、多媒体和互联网为标志的信息时代的到来，以及信息技术的广泛应用有效地推动了职业教育的更深层次变革。运用信息技术来帮助改变传统的教育教学和管理方法，对于解决教育面临的瓶颈问题具有重要意义。加快促进职业教育信息化，是提高职业教育质量，实现职业教育现代化的重要战略举措。2017年，教育部《关于进一步推进职业教育信息化发展的指导意见》指出，有必要增加云计算、大数据、物联网、虚拟现实/增强现实等人工智能新技术的应用。职业教育的特色是产教融合、校企合作、勤工俭学及知识与行动的融合。例如上海电力工业学校致力于创建"智能校园"，目前已完成办公自动化、科研管理、教务管理、财务、入学、离校、就业等诸多管理系统的业务流程，实现了学生的全周期管理。

混合学习设计应用越来越多。在线学习的形式越来越受到人们的认可，越来越多的学习者和教育者将其用作对传统面对面教学方法的补充。时代的变迁对混合学习提出了更高的要求。它不仅限于教学形式的融合，而且更注重学习内容、学习方法、学习资源的整合，为学习者提供个性化学习和适应性学习服务。例如，湖南交通职业技术学院路桥工程学院结合课堂教学和直播教学，实现了课堂与施工现场的实时有效互动。

开放教育资源正在迅速增加。联合国教科文组织将开放教育资源（OER）定义为"存在于公共领域或根据开放版权许可协议发行的数字或非数字教学，学习和研究资源。这些资源允许其他人不受限制地工作，或者在较小的限制下自由访问、使用、修改和重新分发"。开放的教育资源为高职院校之间的知识共享和共同创造打开了大门，并对职业教育和教学创新以及质量提高产生积极影响。高等教育出版社的"智能职业教育"作为在线平台为了共享职业教育的数字资源，结合了大型公开在线课程（MOOC）和小型限制性在线课程（SPOC），可以开展支持与职业教育有关的教育和教学活动。

职业教育信息化让可供选择的学习方式日趋多样，如何使学习者由机械的、记忆的浅层学习向自主的、意义建构的深层学习迈进，是教育者越来越关注的问题。威廉和弗洛拉·休利特基金会（William & Flora Hewlett Foundation）提出，深度学习是提升学习者批判性思维、解决问题能力、协作能力和自主学习能力的过程。在此过程中，学生具有内在学习兴趣和积极负责的学习态度，构建知识关联，理解核心内容，并进行抽象、情景化表达和问题解决。例如南京交通职业技术学院轨道交通专业将CRH车组仿真系统引入教学课堂，充分利用3D虚拟技术，增加学生身临其境的学习感受，促进学生学习和引导学生进行深度思考。

重置学习空间快速提升教育质量。随着新的教学形式的出现，学习空间也需要同步更新。职业教育已经从传统的教学方式转变为注重实践操作和自主学习的教学方式。为了促进教育者与学习者的有机互动，促进跨学科问题的解决，有必要对学习环境进行重构。例如，世界大学城的云空间利用云计算技术为每个用户提供一个云账号。一个账户就是一个学习空间，职业学校依托学习空间开展各种教学活动。同时技术的不断发展为跨学科合作创造了机遇，成为职业教育改革创新的催化剂。跨学科研究旨在整合两个或两个以上学科的知识、技能和观点，培养学习者的创造力、批判性思维能力和沟通能力。例如，南宁职业技术学院在跨学科研究成果的基础上，加强思想政治课队伍建设，多学科推进"思想政治课"立体教育模式转变。

  学生从消费者变成了创造者。随着"公共创业与创新"理念的提出，学生作为创造者的作用越来越受到重视。职业学校要把创新创业的社会使命融入教育教学，不断提高学生的创造力和自主解决问题的能力，建立学校教育与实际工作环境的联系。创客教育鼓励学生不断创新，将填鸭式教学法转变为建构主义教学法，通过多学科知识的整合，实现从消费者到创造者的转变。南京机电职业技术学院以学生为中心，探索创客教育与职业教育相结合的人才培养新模式。推动变革与创新的文化建设，为了促进创新，适应经济发展的需要，高职院校的结构要灵活，以技术为催化剂，以更广泛、更有效的方式促进文化变革和创新，为教育决策提供可持续发展的解决方案。职业教育与民族工业的发展息息相关。只有不断变化，跟上产业发展的步伐，才能满足经济社会发展的需要。因此，促进变革与创新是职业教育的文化特色。不断变化创新的职业教育具有生命力，能够为促进社会发展做出更大贡献。

  教学方法的不断创新促进了新高职院校的建设，也促使高职院校思考自身的定位和现状。教育部发布的《关于进一步推进职业教育信息化发展的指导意见》指出，高职院校要加强与工业企业的合作，定期组织职业教育信息化创新发展交流会、座谈会等典型的应用培训和推广活动。加大高速网络、基础设施、资源平台和新兴技术建设，缩小高职院校之间的教育差距。如果高职院校没有一个对经营成果的最终负责机制，就很难培养出适应社会和行业需要的人才。借鉴国外民办高校办学模式，引入公民社会教育为高职院校办学模式提供了新的思路。

二、大数据：广阔的教育前景

大数据是驱动职业教育发展的关键技术。"资本逐利，风势正劲"，2018年21世纪教育集团和中公教育相继完成IPO。职业教育在国家政策的关切和资本市场的热捧下，进入了快速发展的阶段。如今的职业教育发展与新兴技术的使用密不可分。2019年2月，国务院发布《国家职业教育改革实施方案》，提出要将职业教育与普通高等教育明确区分，突出职业教育的特色。推进职业教育大刀阔斧的改革，使用人工智能技术、大数据技术就显得非常重要，目前大数据技术在职业教育的应用中可圈可点。大数据的发展要追溯到2012年年末，克托·迈尔·舍恩伯格《大数据时代》一书的出版。在书中舍恩伯格强调未来的时代是由大数据主导的时代，大数据是全体数据、混杂性数据、相关关系的数据。舍恩伯格的观点引起了大数据技术在国民经济发展中的热议，大数据以此为契机进入了各行各业的视野中。

在职业教育的使用中，可以说既"高大上"又"接地气"。前者体现在认知层面，后者体现在实践层面。以大数据技术在教育中发展的地位来说，目前大数据技术在国家认知和行业认知层面实现了新的突破。一是国家认识到大数据技术发展的重要性和必要性，大力推动大数据技术在教学教育中的应用。如2017年国务院印发《国家教育事业发展"十三五"规划》，鼓励教育事业要大力发展、应用大数据技术。规划中提到，大数据的使用主要是两个方面：一方面是用数据收集、分析和反馈，推出个性化学习教学；另一方面是开展深度数据挖掘和分析，服务公众和政府决策。二是职业教育行业从业者发展认知层面的变化，从国家政策文件中，感知到大数据技术发展的前景和大数据的使用价值，积极推进大数据人才的培养。2018年有248所学校获批"数据科学与大数据技术"专业，比2016年此专业创建之初，扩大数百倍，足见当前教育对大数据技术的重视程度。

思维的变化，来自实践的指引。反过来，实践会推动认知的发展。如今，大数据技术在职业教育的发展中，分为两个层次。第一层次是认知改变，第二层次是实践应用。从认知层次到实践层次，这种对大数据技术应用动作相当迅速。除了必要的思维认知，快速布局大数据技术的发展，将大数据从理论转化为企业、行业的实践更为重要。如清华大学推出"学堂在线"，利用大数据分析用户行为，实现个性化推荐学习；广东轻工职业技术学院利用大数据分析行业人才培养；南京理工大学通过大数据挖掘与分析，自动生成家庭经济困难学生建议名单，有效为贫困学生提供资助。技术的变革，源于思维的改变。大数据时代已经来临，基于海量的数据，使用大数据将为学生提供个性化的教学服务和跟踪、分析、评估教学质量等。大数据技术在职业教育中的使用有目共睹，未来大数据技术在实践层面将有更为广阔的发展空间。

三、人工智能：一把教育的双刃剑

史蒂芬·霍金说："全面化人工智能可能意味着人类的终结……"机器可以自行启动，并且自动对自身进行重新设计，速率也会越来越快。受到漫长的生物进化历程的限制，人类无法与之竞争，终将被取代。历史上，科技革命的爆发都会使所在领域发生重大变革。随着第四次工业革命的迅速发展，作为新一代技术代表的人工智能在全球范围快速蔓延，人工智能技术与职业教育正在逐步融合发展。联合国教科文组织在《教育中的人工智能：可持续发展的挑战与机遇》报告中写道："人工智能将对学习方式、学习机会、学习质量、学生能力、教师发展等产生直接影响。"人工智能对教育领域的侵入，不仅体现对教育公平、教育决策、教育政策的积极作用，同样也体现在对隐私、伦理等教育内容的挑战。

同时，人工智能将改变当前职业教育的发展，直接驱使产教融合的方方面面，对教育市场产生重大影响。"2021年之前数字教育市场将每年增长5%，2017—2021年，人工智能市场将增长50%，这一领域很可能在未来10年呈指数增长"。如从事教育的好未来市值近400亿美元，新东方258亿美元。2019年年初，腾讯研究院发布了《中国在线职业教育市场发展报告》，显示2018年中国在线职业教育市场规模达2336亿元。人工智能在职业教育中的应用越发广泛，如AI场景教学。AI系统整合了人脸识别、表情识别、语音识别、ORC识别等人工智能教学，有助于提高学生的学习效果。同时也将对产教融合、校企合作的方式产生重大的影响。

比如人工智能的个性化学习、虚拟导师、教育机器人、VR/AR场景教育等内容。个性化学习就是收集、存储、分析个人的学习数据，以用户画像的方式展示，从而了解学习情况，自动调整教学内容和方式。如美国的"Smart Sparrow"，致力于开发个性化教学工具。虚拟导师就是"一种在线辅导教学软件"，用以解决个人学习中的诸多问题。教育机器人则是类似于"启蒙老师"，如一款叫"Dino"的机器人，可以直接和孩子对话。这个机器人在听到孩子的问题之后，可以自动连接网络寻找答案，并且通过和孩子的交流逐渐学习和了解孩子的情绪和个性。

人工智能时代职业教育的发展将发生前所未有的变革。从职业教育市场需求端的企业到输出端的学校,都将面临人工智能技术的重塑。譬如,一大批学校成立人工智能专业或学院。如 2017 年的中国科学院大学发文成立人工智能学院、西安电子科技大学人工智能学院、2018 年南京大学宣布组建人工智能学院、天津大学建立人工智能学院等。在企业技术生产中,人工智能将极大提高生产力,同时也对人工智能技术人才提出更高的要求,进而促使学校调整专业建设和课程培养方向。这些相互影响和作用的因素将是职业教育在新时代变革的诱因。

四、数字教育：职业化的主要方向

2018 年《教育信息化 2.0 行动计划》发布,加快我国教育信息化发展被提上日程。2.0 行动计划旨在实现教学、学习、数字校园等内容的建设,打造"互联网＋教育"平台,推动教育资源实现质变。致力于实现信息技术应用能力全面提升和创新发展。原教育部副部长鲁昕提出建立国家中等职业教育网络教学资源平台,整合多媒体网络教学资源、模拟仿真实训软件等数字化教学资源,发展教育信息化。目前辽宁、湖南、湖北、上海、江苏、浙江、江西、重庆、青岛、新疆、广东等省市的职业教育信息化改革在快速发展之中。"使学生发展成为有宽厚文化基础、有更高精神追求的人,有明确人生方向、有生活品质的人,有理想信念、敢于担当的人"。

《教育信息化 2.0 行动计划》强调建设网络化、数字化、智能化、个性化、终身化的教育体系,让人们能够"活到老,学到老",一种终身学习社会的预设。

随着教育信息化 2.0 行动计划的实施,从数字资源服务、网络学习空间、网络扶智、信息素养、智慧教育创新、数字校园规范建设、千校万课、教育治理等方面促进职业教育的信息化发展。中国职业教育的信息化不仅是多信息化教学手段的建设,也是对职业教育人才这个核心的培养。同时,《职业院校数字校园建设规范》强调:"职业院校数字校园建设是一个持续优化和完善的过程。"推动职业院校数字校园规范化、科学化建设,需要我们不断地总结借鉴国内外先进经验,将技术先进性与职业学校教学和管理实际需求结合,构建职业教育的共建共享机制,有效提升在职业教育实践中的信息使用效率,将信息化与职业教育紧密结合,促进职业教育院校在办学、课程等方面的信息化建设。

综上所述,职业教育信息化有助于职业教育系统性、整体性的发展,有利于促进信息技术与职业教育的融合创新,提升教育的现代化水平。职教信息化的本质在于培养"有用的人",促使师资力量的信息化升级、办学信息化水平提高。而当前职业教育的发展,仍旧有许多"欠账",比如职业教育发展面临资金短缺、生源质量不高等问题。这些问题是困扰职业教育现代化之路的阻碍。在职业教育现代化的过程中,我们需要更多的互联网思维来解决问题。职业教育的互联化、信息化、现代化发展,走出一条特色的职业教育道路,是重中之重。如何实现地方职业教育与本地企业实现信息化合作,开辟产教融合的方向,是我们值得期待的努力方向。

第二节 国际化与传播中的职业教育

一、对外传播:国际化发展方向

随着我国对外开放不断深化、经济贸易自由化程度空前,在经济全球化、地区一体化和工业现代化的背景下,中国职业教育走向国际化意味着中国改革开放的更高层次，传播价值和理念，推广先进的职业教育经验。

中国职业教育迈向国际化，是职业教育发展的重要进程。职业教育国际化发展，是中国文化"走出去"的软实力载体。

与此同步，2014年国务院《关于加快发展现代职业教育的决定》提出加强国际合作、参与国际标准制定，推动职业教育"走出去"。紧随其后，2016年教育部发布《推进共建"一带一路"教育行动》，提出与沿线国家共建"利益共同体"和"命运共同体"，并提出支持特色院校"走出去"，建设示范性高水平合作办学机构，沿线留学生达到5000人规模。

职业教育的国际化发展，面临一些难以逾越的现实鸿沟。在国际化教育理念、国际化支持系统、国际化师资队伍、国际化合作格局中存在瓶颈。

解决长期困扰职业教育发展的难题，是中国职业教育迈向新高度的必由之路。举例来看，我国职业教育发展模式多元化，缺乏具有代表性的象征符号，譬如一提到德国职业教育，就是"双元制"模式。我国职业教育扩招速度过快，尤其是国际合作的项目，质量保证问题堪忧。师资力量国际化结构不均，缺乏外籍教师。以上的诸多问题都是掣肘中国职业教育走向国际化的因素。职业教育国际化一来是彰显我国综合国力、文化软实力的象征，二来是倒逼国内职业院校改革的"衣冠镜"。"走出去"不仅仅是一句口号，更是借力"一带一路"经济快速交融的契机，调整、发展职业教育的绝佳良机。

第三节　多元化与变革中的职业教育

一、农民职教：教育发展的后备军

打破知识沟，农民教育重回视野。职业教育长久关乎的对象是中职、高职教育，农村职业教育一直以来是被忽视的灰色角落。如此庞大的群体，被职业教育"无意识"忽视，殊不知中国有4亿多农民，一个庞大的需要知识的群体，一个需要技能持续进步的群体。然而，知识鸿沟的存在，扩大了农民阶层与其他阶层的差距，缺乏有效的知识、技能、资本的介入，农村地区的经济发展极为缓慢，封闭的群体与难以流动的知识，使得职业教育成为破解农村发展的良药。职业教育是普及知识、技能与新事物的绝好渠道，大力发展农村职业教育，是职业教育振兴的必要路径。

2019年，《国家职业教育改革实施方案》推行以来，职业教育扩招100万人被提上日程。同时《政府工作报告》提出用1000亿元失业保险基金结余提升职业技能培训，加上不久后实施的"百万高素质农民学历提升行动计划"，职业教育被置于社会关注度的中心位置，史无前例。农民职业教育重新回归，开始再次走进人们的视野。"百万高素质农民学历提升行动计划"明确提出全面完成2019年高职扩招培养高素质农民任务，用5年培养100万名接受职业教育的高素质农民，打造100所乡村振兴人才培养优质农民的学校，重点培养"两委"班子成员、新型农业经营主体、乡村社会服务组织带头人等。这些措施旨在打造农村职业教育的基地，为农民提升学历，为农村经济发展提供动力。

受教育程度与劳动参与率相关。时间回到1978年，改革开放以后，中国经济进入快速增长的阶段。城市化率从18%一路上涨到2016年的57.4%。第二产业、第三产业成为驱动经济的主引擎。同时我国教育的发展受到重视，普通高等教育在扩招中一路高歌猛进，快速发展。此时，占中国人口总数40%的农村人口总体上受教育层次偏低。让我们用数据说话，根据第六次人口普查数据，农村人口中文盲占比7.25%，小学和初中分别为40.84%、44.91%，高中教育和高等教育比例为9.74%。农民教育关乎国家大计，有必要予以充分的重视。劳动参与率与受教育程度密切相关，高中以上学历的劳动参与率偏高，反之亦然。因此，农民受教育程度与其收入水平息息相关，提高农民职业技能水平、接受职业教育，为农村经济的发展提供技能、技术与智力则变得迫切。

农民职业教育试点先行。中国农村职业教育发展以试点的方式在小范围内进行改革。如河北省开展的"送教下乡"试点活动，动员县级职教中心，以农民实际需求为导向，为农民开发课程，并通过集中学习、分组学习、自主学习、生产经营的方式，培养农村改革发展带头人和劳动致富带头人，将农村职业教育作为培育乡村各业人才的核心基地。这种以职业教育发展农村的思维，以职教中心为实施主体，以定制课程与师资资源的方式，丰富了农村职业的试验，推动了职业教育下沉的可能，起到了示范性的作用。如江苏农林职业技术学院与太仓市政府合作，实施定向招生、定岗培养、组织买单、返乡就业的模式，学院根据市场的需求定制人才培养的课程、专业以及其他需求。如北京农业职业学院独特的农村职业教育——为农村"两委"班子成员、农民和社会青年开设农村经营管理专业，学院与组织部联动，培养新时代技术农民。如河南农业职业学院建立起专家师资库，为农民培训班授课。种种试点措施，都是农民职教的有益尝试。

中国职业教育的发展依赖于诸多因素，农村职业教育是不可动摇的重要成员。眼下的农村职业教育发展，需要清楚的认识和改革，加快农村职业教育发展，从侧面拉动中国职业教育快速发展，农村职业教育的发展路径需要根据本地区的发展进行配套和制定。

第一，构建立体培养模式。因人制宜，因区制定。建立契合的培养模式，将农业、农村、农民的特点与职业教育中培养的相关专业、课程、师资力量进行组合，探索培育新型农民的方式。构建村企对接服务，"授人以鱼，不如授人以渔"，用企业的技术、资源扶持农村发展。

第二，利用企业资源解决农村发展的问题，重点利用当地特色发展职业教育，以县级职业教育中心为支撑，促进企业与农村的对接与合作，让农民除了土地之外有更多发展机会，促进农村经济的发展。建立培养领军人物模式。扶持职业教育带头人，优先扶持具有知识、技能和潜力的农村人员，提升他们的个人技能，形成良好的带头作用，促进农村职业教育的发展。

第三，建立农村人才数据库。大数据是我们这个时代重要的互联网技术，建设农民数据库是推进人力资源市场提高配置效率和匹配性的重要措施。搭建数据库，收集农民的个人信息和工作技能以及求职倾向，利用数据库精准匹配学习内容，跟踪技能程度、学习课程等，利用数据库为农民提供定制化的职业培训、职业指导、职业规划等服务。综上，农民职业教育发展已是职业教育行业发展的重要分支，是需要重点关注的首要对象，是职业教育振兴过程中必须予以重视的部分。农民职业教育不仅关乎地方经济发展，更关乎国计民生。

二、地方职教：经济振兴的希望

在职业教育产教融合的地方性实践中，四川、重庆、苏州等地的产教融合具有典型的代表性和推广应用的价值。取长补短也是职业教育发展中的必要措施。产教融合的理论来自实践,地方性实践为产教融合理论的丰富做出了主要贡献。

如四川的产教融合聚焦于专业建设、平台建设,打通学校与企业沟通的壁垒。苏州则致力于产教融合的保障措施,以双元制为切入口,用技能职业证书守卫职业教育成果。而重庆则采用政策激励、财政输入、注重师资的方法推进职业教育的产教融合。

一般来说学校设置的专业、课程滞后于社会市场的招聘要求,面对这种难以破解的现实难题,职业教育无疑是实现专业与产业密切合作的路径。四川省的产教融合有借鉴意义,四川职业教育发展历史悠久,目前四川正大力推进职业教育创新发展。四川职教的产教融合主要归结于专业与产业的协调和创新平台的建立。在横向规模上,产教融合的试点起到非常积极的作用,为职业教育进一步改革奠定了基础。四川有产教联盟102个,其中涵盖的主体包括学校、政府部门、行业协会、企业、科研机构等,五个参与主体共同构成了产教融合的基本框架,其中学校与企业是主要主体,行业协会、政府部门、科研机构起着协调、促进的作用。目前产教融合下的职业教育覆盖了高端装备智能制造、航空航天技术、交通运输、现代农业等重点领域。

在纵向深度上,四川切实地将职业院校专业设置与产业进行联动,专业设置与企业需求之间的契合度逐年提升。在当下的数字化信息时代,新开设了新能源科学与工程、物联网工程、健康服务与管理、工业机器人等专业。同时新增专业687个,组建40个新的专业群。专业时新性无限接近社会需求,是职业教育产教深度融合的一大优势。目前四川技术创新平台有200余个子平台,是产教融合沟通的桥梁,它一方面是产学研全面发展的促进器；另一方面是人才、技术、资本流动的渠道，有利于实现深度融合、全面合作。

苏州产教融合则另有特色，苏州2014年颁布了省内首个校企合作规范性文件——《苏州市职业教育校企合作促进办法》。近年来，苏州大力推进产教融合，着力推进产教深度融合，拥有现代物流、现代装备制造等16个市级专业性职教集团，拥有高职院校17所、中职学校25所、技工学校13所。

德国工商行会（AHK）、德国手工业行业（HWK）共建了培训中心和认证基地，打造典型的"双元制"职业教育体系。德国"双元制"一直以来被视为职业教育成功模式的典范，因此苏州积极引进"双元制"。如苏州健雄职业技术学院施行"双元制"，学生在学校是学生和学徒，在企业是员工，接受全方位职业技能培训、指导和训练。此外，"双元制"培训平台是促进职业教育培训开展的有力助手，2001年中德两国政府签约成立"太仓德资企业专业工人培训中心"，学员培训合格后拥有三种证书：德国专业技术工人等级证书、中专学历证书、中级技术工等级证书，三位一体的证书体系，保证了学生的质量和素养。

重庆产教融合更注重"教育内涵"，近年来重庆出台了《关于深化产教融合的实施意见》《重庆市教育事业发展"十三五"规划》《重庆市科教兴市和人才强市行动计划（2018—2020年）》等文件，支持职业教育推进产教融合。一方面从政策入手，主打在财税、土地、金融政策等方面的支持，财政性职业教育投入年均增长5.3%，2018年达到86亿元；另一方面支持"双师型"教职人员的培养，推进"双千双师"交流计划，职业学校"双师型"教师数量累计达1万余人。典型案例如重庆工业职业技术学院，围绕"一带一路"，实现深度融合，与德国、澳大利亚等30多个国家和地区开展了150余项合作。重庆目前拥有高职院校40所，在校生30万人，教职工1.9

万人；拥有中职学校 183 所，在校生近 40 万人，教职工 2.3 万人；并拥有培训机构 1100 余个，年培训量近 230 万人次，初步建立了职业教育体系。

总之，产教融合的地方性经验是产教融合推进的有力抓手，产教融合是职业教育发展的必然趋势，是实现产业与教育双赢的必要路径。当前校企合作的内容有必要进一步深化，从校企合作走向产教融合。产教融合的路径不仅要深化校企合作，更要进一步推广地方性有益的职业教育实践，助推职业教育转型。

三、本科职教：职业大学初出茅庐

2019 年上半年，相关部门大刀阔斧地推进职业教育的发展。是时，职业教育规模至 2019 年年招生规模约 369 万人，高职院校 1418 所，招生人数占整个高等教育人数的 46.63%。鉴于职业教育近数年的发展，我们可以归纳出职业教育的诸多弊病。诸如，在社会上，职业教育被扣以"末流教育"的标签，被标签化——"差生教育""坏学生的无奈选择"等。在企业里，招聘市场流传着这样的段子，依据学历划分三五九等：一流 985、二流 211、三流普本、四流专科、不入流者职专。不得不说企业用人对学历的热衷远超过对人才的渴求。

彻底改变职业教育的非积极形象有赖于职业教育的升级，即一种核心问题：改变专科教育的职业教育形象，构建本科职业教育的雏形。

日前，我国教育部开始了职业本科的试点，即将职业学院更名为职业大学，并设立本科职业教育。如前所论述，自我国职业教育与高等教育并列发展以来，职业教育的层次设定在专科，如中专、大专，无本科乃至研究生层次的高等学历教育，因而职业教育在社会、企业中的认可度一般。若将"职业专科"升格为"职业本科"，建立职业大学，一切拦阻职业教育发展的问题将迎刃而解。在德国，有一半左右的国民接受职业教育，而在我国这个比例远不能及。

据悉，此次首批职业本科学校试点共有15个，山东有3所，广东、江西有2所。"职业教育和普通教育是两种不同的教育类型，具有同等重要的地位"。随着各行各业对技术技能人才的需求越来越紧迫，职业教育的重要地位和作用越来越凸显，本次职业院校升格为职业大学，其后的寓意不言而喻。部分试点院校率先从专科职教跨越到本科职教，不仅拉开了职教升格的序幕，也开启了职教社会形象颠覆的时代。职业教育在时代的注视下，完成了一次成功的逆袭和自身的再定位。本科层次的职业教育将彻底摆脱"二流教育""断头教育"的帽子，助力职业教育向更高层次迈进，显而易见的是直接提高了毕业生的社会竞争力和社会认可度，职业本科带来的提升，将随着时间的推移而进一步显现。

四、观察职教：舆论与法律的视角

1985年，中国实行改革开放后的第八年，GDP增长速度高达13.4%。随着经济的飞速前进，中华大地万物复苏。同年中国开始引进德国"双元制"职业教育体系，并在6个城市全面开展职业教育试点。40年沧海桑田，职业教育规模与日俱新。如今，在中等职业教育和高等职业教育全面发展的基础上，我们已经拥有了1423所高职院校和1.02万所中职院校，可以说，我国职业教育的框架基本建成。但职业教育发展多年，仍旧面临一些重大的现实问题，主要集中在三个方面：招生、经费和上升通道。从国家教育发展的大趋势来看，职业教育入学人数连年下降；从招生规模上看，职业教育规模在萎缩。据《2018年全国教育事业发展统计公报》显示，中等职业教育学校比上年减少442所，下降4.14%；招生557.05万人，比上年减少 25.38 万人，下降 4.36%；在校生 1555.26 万人，比上年减少 37.23 万人，下降 2.34%。

从经费拨付上来看，"十一五"期间，国家投入 100 亿元进职业教育。此后，职业教育与高等教育的投入泾渭分明，2018 年国家拨付教育资金为 12013 亿元，与之形成鲜明对比的是高等职业院校经费为 2150 亿。职业教育占了近一半的人数，获得资金却仅为 1/6，教育经费减少严重限制了职业教育质量的提高。

从当前职业教育发展的状况来看，概括地说，当前职业教育学校数量多、招生人数多，但没有高质量、高水平的职业院校出现；职业教育暂时还无法像德国一样承担助推国民经济增长的任务，普及性、专业性水平都相对较低；教育经费问题是限制职业教育实现质变的主要因素，不足的教育经费与庞大的学校规模之间的矛盾不可调和。综上，我们看到了职业教育发展的主要制约因素，因为上升通道的欠缺，导致考生不愿报考、社会地位式微。加上捉襟见肘的教育经费，导致职业教育招生吸引力每况愈下。好的生源无法获取，招生的指标无法完成，进而导致了职业教育的质量长期以来上不去的硬伤。

因此，发展职业教育不仅仅是扩招、拨经费和本科升格，更重要的是直指教育的核心——人的培育。职业教育的发展要优先保质再提量，优质的职业教育，是再造职业教育社会形象的必要保障，也是为社会经济提供坚实基础的保障。如何提高职业教育的质量，却是一道摆在广大职教人面前的沟壑。解决职业教育的质量问题，任重而道远，校企合作、顶层设计、专业设置等方面是直接影响职业教育发展的因素，有立竿见影的效果。而我们则应立足职业教育长远的发展，分析长期以来被忽视的职业教育发展的灰色地带因素。

第一，舆论宣传。过去，职业教育曾在社会形成"末流教育"和"坏孩子教育"的口碑形象。当前，势必要继续加大媒体宣传，从职业教育的方方面面问题入手，以舆论掀起改革的呼声，将国家改革的文件和精神传递到每一个社会角落。通过舆论宣传让我们知道，职业教育是与普通教育可以相提并论的教育类型。我们不应该以"有色眼光"来看待职业教育的社会地位、作用和影响。因此，舆论宣传的正向引导作用，有利于在全社会形成职业教育发展的良性土壤，推进各项具体的改革措施。

第二，法律保障。职业教育的发展依赖于法律保障措施的积极施行。以德国职业教育为例，在依次出台了1968年《职业教育法》、1972年《企业法》、1976年《联邦青年劳动保护法》、2015年《联邦职业教育法》等一系列法规的保护下，德国构建了完备的职业教育体系。自我国引进德国"双元制"职业教育以来，仅有一部1996年《中华人民共和国职业教育法》，长期以来，法律保障措施的缺位，使得职业教育难以形成稳定性，为招生、就业、培养等方面提供强力的支持。

第三，产教融合。产教融合是职业教育发展的大势所趋。与校企合作相比，产教融合是更长远的目标，校企合作是直接沟通学校与企业，产教融合则包括校企合作的方式。产教融合主张将产业与教育融合，以产业推动教育的革新，实现教育与市场的全面对接。一方面企事业为教育提供资金和经验，另一方面教育为企业提供人才和技术支持。

职业教育的发展不仅要看到明显的制约因素，更应看到潜藏在角落里长期影响职业教育发展的因素，如社会舆论、法律制度等。虽然产教融合一再被提及，但仍不如校企合作深入人心，因此撼动"人心中的大山"才是当务之急。

第五章 高职院校产教融合的发展

第一节 高职院校产教融合发展现状

职业教育与产业之间的联系是相伴而生的,它们之间的关系不仅是产业细化的需要,也是产业细化逐渐专业化发展的必然结果。产业细化在很大程度上促成了职业教育作为独立教育类型的出现,也提高了职业教育的效率,但是专业化分工也在一定程度上造成了教育与产业之间天然联系的断裂,职业教育逐渐游离出产业环境,并且有欲行欲远的趋势。为拉近两者的距离,并让其在新的发展阶段重现先天融合的状况,必然需要社会力量的助推,尤其是政府与相关部门的政策支持,将成为必不可少的主导助推力。然而,目前已有政策,对于提升职业教育中产教融合的效果并不明显。无论是中观的校企合作还是微观的工学结合,都没有达到预想的效果。正是基于此,研究已有政策的历史变迁、分析政策产生的脉络及其存在的问题,对于完善产教融合的政策支持系统具有十分重要的意义。

"产"就是对"产业"的简称,从传统意义来说,产业主要是指经济社会物质生产部门,随着产业细化和生产力的不断发展,产业的内涵不断充实,外延也不断扩展,产业是指利益相互联系、具有不同分工的各个相关行业所组成的业态总称,泛指一切生产物质产品和提供劳务活动的集合性组织;"教"即"教育",在此特指职业教育,是指人类产业细化发展到一定程度后,为满足社会再生产发展,产业对人才素质提出的专业化要求而产生的独立部门,其目的主要在于为社会各行各业培养所需要的人才;"融合"指的是两种或多种不同事物合成一体,是指相关事物之间主要发生质的变化,并成为一种新事物,这种新事物在形式、内容方面可能不同于原有事物,产教融合的水平有所提升和改变正是基于此。"产教融合"是指职业教育与物质生产、社会服务等行业共同开展生产、服务和教育活动,并且形成不同于单纯的教育与产业的另一种组织结构。此组织的核心是从事教育、物质生产或社会服务工作,并为产业部门提供合格、成熟的人才,其不同于校企合作中用人单位和高校权、责、利的分配,而是必须形成一个具有不同于学校或者企业功能的新的组织,这个新组织承担起学校毕业生顺利走向工作岗位且能胜任工作的重任,是学校和产业之间有效衔接的桥梁。正是基于此,制定适合此组织发展的支持政策,对于产教融合组织的形成和发展具有十分重要的意义。

一、关于产教融合的相关法律和法规

职业教育属于社会公益事业,政府是最大的受益者。产业则是社会主义市场经济的主要组成部分,经济发展中市场既是助推者,也是受益者。为此,职业教育政策变迁受政府和市场双重规制的影响,形成了两种主要的范式,即国家本位的政策范式与市场本位的政策范式。从新制度经济学的视角来看,"规则的更新是创新主体基于一定目标而进行的制度重新安排和制度结构的重新调整,是一种社会效益更高的制度对低效制度的替代"。

规则更新的目的在于提高制度的效益，为制度助推者带来利益的最大化。所以产教融合相关政策的变迁也是为了实现产业和职业教育两者利益的最大化。

（一）《职业教育法》颁布前与国家本位的政策范式

1978—1996年，我国职业教育经历了恢复、发展和停滞的不同历程。从现代职业教育体系的构成来看，这一时期可以归于我国职业教育发展的初期，国家政策以助推中等职业教育的市场化为主。1978年后，中央领导人和政府相继发布讲话和文件，表明了发展职业教育的观点，且在《关于中等教育结构改革的报告》中，明确了中等职业学校发展的途径，即改办普通高中为中等职业教育，也正是基于此，职业教育得到恢复和发展。

政府给予学校拨款和相关的优惠政策支持职业学校的发展。如1983—1985年中央财政共划拨了15 000万元的职业教育补助经费；减免校办工厂的税收，吸引企业投资职业教育；同时，也充分发挥中介组织的力量，成为学校和社会力量衔接的桥梁，将招生、就业与市场产业进行很好的衔接。此时政府是职业教育政策的主要制定者和助推者，其目的在于确定职业教育的合法地位，从社会吸取办学资源，并将毕业生投放市场，为国民经济社会发展服务，带有很强的计划培养特点。国家本位、政府主导的政策，曾经一度造就了职业教育中产教融合的可喜成绩，中等职业教育招生人数持续上升，1996年达到了188.91万人，毕业生与用人单位的要求高度吻合，受到了市场的欢迎，甚至出现了提前预订和争抢的局面。但在国家本位的政策导向下，职业教育对政府形成了强烈依赖，在政府政策及相关配套改革工作滞后的情况下，20世纪90年代后期职业教育发展开始出现停滞甚至衰落的状态，招生数量持续下滑，"1998年我国中等职业学校约2200所，除普通中专校约 1200 人外，其他几类学校均规模只有 500 人左右"。职业教育与产业之间的联系也逐渐脆弱，职业教育发展陷入了前所未有的困境。

（二）《职业教育法》颁布后与国家本位的政策范式

鉴于职业教育中出现的困境，为改变现状，促进职业教育的发展，1996 年，颁布了《中华人民共和国职业教育法》，并在第 23 条中明确规定职业教育应当实行产教融合，确立了产教融合的法律地位。为贯彻此法，国家教委等部门联合发布《关于实施〈职业教育法〉加快发展职业教育的若干意见》，对贯彻产教融合进行了工作部署。接下来颁发的相关文件都对产教融合工作有明确体现，如 2002 年的《国务院关于大力推进职业教育改革与发展的决定》提出，企业要和职业学校加强合作，也要依靠企业举办职业教育；2004 年《关于以就业为导向深化高等职业教育改革的若干意见》提出了产学研结合的高职教育发展道路；2005 年《国务院关于大力发展职业教育的决定》提出职业教育的人才培养模式为"工学结合、校企合作"；2010 年《国家中长期教育改革和发展规划纲要（2010—2020 年）》提出，要制定校企合作办学法规，推进校企合作制度化；2014 年《国务院关于加快发展现代职业教育的决定》提出，"深化产教融合、校企合作"，第一次在国家层面的文件中出现了"产教融合"的要求，是对产教融合要求的进一步提升。

从产教关系的发展历程，可以看出国家对行业、企业参与职业教育的要求，及其在职业教育活动中的角色变化。不仅为产业部门参与职业教育做出了相关指导，也明确了产业部门在职业教育发展中的地位和作用。这些文件完善了"行业企业部门参与职业教育的宏观（产教融合）、中观（校企合作）和微观（工学结合）的要求"，且极大地促进了高等职业教育的规模发展，形成了中等和高等职业教育并重的良好势头。但是这些文件并不是与《职业教育法》配套的下位法律文件，它们的权威性和稳定性有限，对于产业部门参与职业教育的行为并不具有约束性，且政府对自身在其中应该发挥的主导作用缺乏清晰的认识，对参与主体的职责分工并不明确，导致职业教育部门与产业部门在处理产教融合的相关事务中缺乏明确的指导，政策执行效果并不明显，国家本位政策失灵现象比较普遍，产教融合缺乏良好的前期基础。

（三）《中华人民共和国高等教育法》与市场本位的政策范式

随着经济体制的改革发展，高校管理制度和模式与制度保障的改革提上了议事日程，1993年《中国教育改革和发展纲要》颁布，并且明确提出，"要使高校真正成为面向社会自主办学的法人实体"，标志着高教政策由国家本位向市场本位的演进。1998年《中华人民共和国高等教育法》的颁布，标志着市场本位政策的正式确立，高等教育的管理权限从中央向地方转移，高校自主办学权力逐渐扩大，这也意味着高等教育体系的内部环境发生了深刻变化，学校与政府、行业、企业的关系也发生了深刻变化：市场治理模式确立，政府的教育职能相应缩小，对高等教育的投入逐渐减少。

2006年，按照《国务院关于大力发展职业教育的决定》的重要部署，为在全国高等职业院校中树立改革示范和发展示范，引领高等职业教育与经济社会发展紧密结合，提高高等职业教育产教融合的水平与办学效益，助推高等职业教育健康发展，国务院决定实施国家示范性高等职业院校建设计划，旨在整合资源、深化改革、创新机制的基础上，按照地方为主、中央引导、突出重点、协调发展的原则，同时兼顾地区、产业、办学类型等因素，选择学校定位准确、办学条件好、社会声誉高、产学结合紧密、改革成绩突出、制度环境好、辐射能力强的 100 所高等职业院校，优先进行重点支持，并完善相关政策，促进工学结合的重点学科发展，通过以点带面，引领全国高等职业院校凝聚教学改革的共识。通过项目的实施，一批高等职业院校在创新人才培养模式、专兼结合课程小组建设、服务社会、服务地方、服务企业和办学特色等方面取得明显成效，加快了高职教育的改革步伐，提高了高等职业院校的办学实力、教学产教融合的水平、管理水平和办学效益；一批重点专业脱颖而出，建成了对接各地重点产业的专业人才培养方案，有效带动了省级示范、行业示范等一大批高等职业院校，一批专业特点突出的优秀高等职业院校群体脱颖而出，它们聚焦国家和区域发展战略，围绕实体经济建设，在助推战略性新兴产业、先进制造业健康发展，加快传统产业转型升级等方面，提供了重要的技术技能人才支撑，发挥了不可替代的作用，引领高等职业教育走出了一条不同于普通大学的类型之路，高等职业院校显示出空前的活力和勃勃生机。

联合国教科文组织产学合作教席主持人查建中教授称赞国家示范高等职业院校建设项目成就了高职教育的改革优势，用六个标志来描述示范高等职业院校建设项目所具有的典型示范意义，即逐步成熟的面向职场模式、正在深化的产学合作关系、双师课程小组的理念和机制、紧跟市场的观念和体制、对职场中层人才需求的了解和把握、服务行业企业的意识等。在该项目实施中，中央财政专项投入资金产生了明显的拉动效应，地方财政对高等职业院校发展的重视程度大幅度提高，生均预算内拨款水平明显提高，示范高职建设院校基本实现了与本科院校生均财政投入水平大体相当的建设要求，为教育部、财政部《关于建立完善以改革和绩效为导向的生均拨款制度加快发展现代高等职业教育的意见》明确规定 2017 年各地公办高等职业院校年生均财政拨款水平应当不低于1.2万元，奠定了实践基础和政策依据。正是基于产教融合的工学结合人才培养模式的变革，改变了高等职业院校的人才培养观念，提高了高等职业院校专业教学的产教融合的水平，提高了高等职业院校毕业生的就业创业能力，也提高了高等职业院校在教育领域及其在全社会的地位。近几年，一批高等职业院校校长（书记）先后调到应用型本科院校担任党委书记或校长，这也从一个侧面反映了社会对高等职业院校发展成效的认可。

2015年，教育部发布《高等职业教育创新发展行动计划（2015—2018年）》（以下简称《行动计划》），启动优质高等职业院校建设。这是高职战线深入总结"十二五"发展经验，面向"十三五"布局改革任务，引导和助推高等职业院校制订和执行好"十三五"规划的重要行动指南。我国《国民经济和社会发展第十三个五年规划纲要》把"推进职业教育产教融合"作为推进教育现代化的重要任务，要求推行产教融合、校企合作的人才培养模式，助推专业设置、课程内容、教学方式与实践知识的传授对接，体现了国家想法和意愿的引导和机制安排，只有"发展与技术进步和生产方式变革以及社会公共服务相适应、产教深度融合的现代职业教育，才能为社会输送适合产业发展的高素质人力资源，才能为国家和社会源源不断地创造人才红利"。优质院校建设将"办学定位准确、专业特色鲜明、社会服务能力强、综合办学水平领先、与地方经济社会发展需要契合度高、行业优势突出"作为前提要求，并将"深化教育教学改革、提升技术创新服务能力、培养杰出技术技能人才，增强专业教师和毕业生在行业企业的影响力，提升学校对产业发展的贡献度，争创国际先进水平"作为主要建设任务，体现了优质院校建设对产教融合的高水平学科发展提出的新要求。

产教融合是校企合作的升级版,对校企合作具有深层次意义,具体如下:

第一,产教融合是把产业发展对职业岗位的新要求融入专业教学标准、教学大纲和课程等教学资源中,对提高合作育人产教融合的水平具有主导意义。

第二,产教融合有效推广产业新技术新技能,企业在合作中受益,有利于调动其合作的积极性。

第三,产教融合有利于提升高职教育教学的技术含量,企业将更愿意和院校合作,实现企业的升级愿望,有助于合作发展。

第四,按照"通过去除没有需求的无效供给、创造适应新需求的有效供给,打通供求渠道,努力实现供求关系新的动态均衡"的供给侧结构性改革要义,产教融合的教育教学改革将有效提升高职教育专业人才培养的有效供给。例如,南京信息职业技术学院将技术链上游企业先进技术作为专业教学重要内容,并为技术链下游企业提供技术和培训服务,在提升合作育人产教融合的水平的同时,实现了校企合作的常态化。

产教融合也是发达国家职业教育的成功经验。德国双元制模式中的职业学校和企业都是实施职业教育的主体,企业承担的职业培训任务,要按照德国联邦经济部部长签发的职业培训条例和大纲开展培训,职业培训条例和大纲对职业培训具有约束性,是产业发展对职业岗位能力的具体要求,职业培训条例和大纲的动态更新和调整,体现了产业发展技术技能新元素对培训要求的及时融入。澳大利亚 TAFE 模式是以国家职业资格标准框架为核心的职业教育,英国现代学徒制项目框架也是以国家职业资格标准为核心的职业教育,本质上都是围绕职业要求而开展的职业教育培训模式。

目前,通过国家示范(骨干)院校的建设,我国高职教育已经有一批专业形成特色，具备了产教融合的优势，成为面向世界、国内一流的高水平专业。例如，深圳职业技术学院与华为技术有限公司等合作的通信技术专业已经形成国际领先优势。该专业20名专业教师中有教授2人、副教授14人、博士7人，45人次参加过华为公司技术培训并获证书；2008年成立国内高校第一家华为合作授权培训中心，2011年建成国内高职第一所华为网络技术学院，开设IP数据、光网络、移动等方向课程模块，具有明显的产业优势；在校生中产生了全球高校第1位、全球第150位华为光传输顶级认证专家（HCIE），15名在校生通过华为路由与交换顶级认证（HCIE），150多人通过华为HCNA、HCNP认证，在校生通过华为顶级认证HCIE的人数在国内外高校中遥遥领先；2013—2016年连续4年获得全国职业院校技能大赛一等奖。又如，湖南铁道职业技术学院追随中国中车走向世界，高速动车组技术专业具有国内外领先优势。该专业拥有全国"万人计划"教学名师1名、全国优秀教师1名，6名教师任中国中车等企业技术顾问；牵头建设国内外技术水平一流的轨道综合实训中心；近3年与中国中车合作开展项目研究9项、技术服务16项；毕业生仅2016年就获全国铁路系统动车组机械师技能大赛、车辆技术技能大赛、客车检车员技术技能大赛3个赛项的第一名。再如，上海出版印刷高等专科学校的印刷媒体技术专业也已形成国内外领先优势。该专业15名专业教师中具有高级技师2人、教授2人、副教授6人、博士5人。5人是国际印刷标准组织认定的专家，7人为国家级裁判员，其中，我国唯一的世界技能大赛国际级裁判、国际大赛教练组组长各1人；已经完成3项印刷媒体技术的国家职业标准的编写；有2名在校生分别在第42届、43届世界技能大赛印刷媒体技术项目的竞赛中获得亚军和季军，实现了我国在该领域的零的突破；过去3年共有55

名在校生在国家级一类竞赛中获奖，获奖人数和等级在国内同类高等职业院校中遥遥领先。

根据中国教育统计年鉴中的相关数据，1999—2005年，高校生均预算内经费支出从2 962.37元降至2 237.57元，许多学校都曾一度面临严重的经费问题，中等职业学校办学经费虽有增加的趋势，即从1999年的228.58元增加到了2005年的336.66元，但从生均支出数额上可以看出，国家政策更加倾向于职业院校，其生均开支将近中等职业教育的10倍，职业学校办学经费相比更加拮据。面对日益成熟的社会主义市场经济体制，原来采用行政指令推进工作需要转向更多发挥政府的引导作用。采用专项资金引导高职教育改革发展是市场配置资源过程中政府引导作用的重要体现，也是成熟社会主义市场经济体制下政府调控的重要手段。高等职业教育的发展前景十分广阔，而改革探索的任务也是十分艰巨的。建议进一步强化中央财政的专项引导作用，落实李克强总理关于加快建设一批高水平职业院校和骨干专业的重要批示，这必将更加有利于产教深度融合的现代职业教育发展，为国家源源不断地输送人才红利。

许多学校脱离行业、企业的管理，成为独立的办学主体，同时，行业部门、企业组织对于职业教育发展的职能也被弱化，行业指导、企业参与职业教育的活动也越来越少，产教融合的良好势头也没有得到进一步发展，市场对于职业教育的认可度也逐渐降低。

随着《高等教育法》的实施，高等教育体系中引入了市场治理结构，所有学校都需要在市场中获取办学资源，尤其在其他高等学校自身实力不断提升的情况下，职业教育生存和发展的空间受到了来自教育体系内部的挤压而逐渐缩小。另外，职业教育自身办学力量薄弱，社会地位不高，职业教育体系中缺乏上下贯通的发展道路，社会认可度进一步降低，在市场竞争中总是处于劣势地位，无法获得政府和产业部门有效的政策支持，产教之间缺乏有效衔接的桥梁，产教融合也由此陷入困境。

产教融合是高等职业教育服务地方社会发展的本质要求，是学校与区域内相关行业、企业在人才培养、技术研究与升级和成果转化中密切合作、相互支持、相互促进，把学校办成集人才培养、科学研究、科技服务为一体的产业性经营实体，形成学校与企业浑然一体的办学模式。产教融合中的"产"可以理解为"生产"或是"学做"，是实践教育的重要形态；"教"是教育教学，泛指实践教学活动及内容；"融合"则是对两者交互的要求，是"生产性学习"与"学习性生产"、"生产性教学"与"教学性生产"的有机结合，这是理论与实践结合的根本要求。"产"与"教"要融合，前提是两者要有内在的关系，体现在职业教育中就是专业性与生产性、专业核心能力与专业生产技术相联系，这是对"产""教"内容和方向的规定。同理，校企合作也要从三个维度思考：学校服务企业的能力、企业育人教育的能力、学生专业化发展的能力。

国家本位的政策范式曾一度促进了职业教育的恢复和发展，并助推了产教融合的发展，随着市场本位政策范式的确立，高等教育走向市场，职业教育受到了来自教育体系内外的挤压，产业部门对职业教育的认可度逐渐降低，产教间因缺乏有效衔接而使两者的结合陷入困境。在构建现代职业教育体系的历史需求下，产教融合的相关政策问题再次突显，成为政府、学术界、教育界和产业界共同关注的重要问题。产教融合有利于满足区域行业企业人力资源开发的需求。高校为企业量身定制培养和输送的专业人才，满足了企业对人才标准的产教融合的水平要求，同时，用较低成本获得了较为充足的人力资源，实现了企业成本的节约。学生岗位实操可以降低企业的生产成本，提高企业的社会竞争力。产教融合有利于激发学生的学习兴趣，真正做到学做合一。

产教融合有利于高校动态设置和调整专业。高校根据区域内行业、企业的发展趋势和人才需求状况调整专业设置和人才培养目标、明确人才培养标准，有利于探索人才培养模式，改革人才培养的手段和方法，打造适应产教融合的专业课程体系，全面提高人才培养产教融合的水平和未来人才的素质。高校邀请企业一线专家参与课程开发，模拟企业真实的工作环境，用来自企业的真实工作任务培养学生，按照企业的产教融合的水平管理要求考核学生，有助于增强专业的社会适应性，使培养的人才更符合行业、企业的需求。

在产教融合中，学生在老师的带领和指导下，把掌握的理论知识运用到实际工作中，既加深了对理论知识的理解，又增强了实践动手能力，提高了解决实际问题的能力。在毕业之前就能够真正地掌握工作中的操作技能，这样更利于学生技术水平的提高和就业能力的拓展，使人才培养更具有岗位针对性。

产教融合有利于"双师型"教师的培养。高校的专业结构与产业结构有着密切的关系，经济产业结构的调整和升级会影响劳动力资源的需求，劳动力资源的变化则会进一步影响高校专业结构的变化。专业是高校连接社会、服务社会的基本单位，科学地规划和优化专业布局是高校发展的基础，也是高校产教融合的基础。高校要实现产教融合，在专业设置上，就必须以产业结构为蓝本，准确把握专业的规模、结构与区域经济发展的路径的匹配程度，提高专业设置的针对性和科学性；与产业需求相对接，以产业需求状况分析报告、就业率、订单人数和新生报到率为主要依据，控制专业数量，优化专业结构；根据区域内产业的发展状况和趋势合理定位自己的专业范围和服务行业，从市场的多元需要出发找到自己的发展定位和生存空间，避免与区域内其他院校重合，实现专业的错位发展；设置有市场需求和发展前景的专业，及时调整没有市场需求、过时的专业，充分实现课程内容与职业标准相对接，提升教学内容的针对性。

在产教融合中，教师不仅要负责知识层面的传道授业解惑，还要了解企业文化，学习新知识、了解新工艺、掌握新技术。高校与区域内的行业、企业合作，可以使专业教师深入企业，了解最新的设备、技术和工艺，参与企业技术产品的研发和技术成果的转化，提高教师的实践动手能力。教师在教学过程中，可以将在企业掌握的新知识增加到教学内容中，提高教学的针对性和实效性。职业教育的目标是服务经济社会发展和人的全面发展，通过助推专业设置与产业需求、课程内容与职业标准、教学过程与生产过程的有效对接，实现校企协同育人，提升学生的实践技能和职业岗位的适应能力，提高就业竞争力。充分实现专业设置与产业需求相对接，提升人才培养的有效性。职业标准是在职业分类的基础上，根据职业（工种）的活动内容，对从业人员工作能力水平的规范性要求，是从业人员从事职业活动、接受职业教育培训和职业技能鉴定及用人单位录用、使用人员的基本依据。职业标准也是高校确定课程目标，选择课程内容的基本依据。教学过程与生产过程相对接就是打破理论与实践分离的课程模式，由高校与企业共同开发模块化课程体系，贯彻以"行动导向"为教学方法的"项目化"教学，在职业实践情境中展开学习过程，学做合一，依据企业的真实生产过程建构教学情境、设计教学过程，让学生在典型产品的完成过程中学习相关理论知识，建立工作任务与知识、技能、态度的联系，增强学生的直观感觉，激发学生的学习兴趣，使学生具备从事生产和适应社会发展的能力。

高校要实现课程内容与职业标准相对接，就必须在分析完成工作任务所需要的职业标准和素质要求的基础上，有目的地选择课程内容，使课程内容具有针对性和实用性，为学生的发展奠定坚实的基础。课程内容的设置要遵循技能形成规律和学生认知规律，从简单到复杂、从具体到抽象、从单项能力培养到综合能力培养，将工作岗位所需要的职业标准和素质能力融入相应的课程中。避免把职业标准简单地理解为动手能力和操作技能，要重视职业情境中学生综合职业能力的培养，使学生在复杂的工作过程中能及时做出判断并采取行动，充分实现教学过程与生产过程相对接，提升就业岗位的适应性。在高校加强内涵建设、提升核心竞争力的过程中，产教融合日益体现出重要性，产教融合的程度已经成为考量高校办学水平和内涵发展最为核心的要素。正是基于此，加强对产教融合理念的认知，完善管理制度和模式机制保障，与创业中心、产业园、工业园等园区合作，建立多元化的产教融合模式，使生产和教育真正地融合，是高校当前亟待解决的问题。发挥政府调控和协调作用，形成关系形态多元的产教联合体。实现教学过程与生产过程相对接的关键是项目设计要符合学生的实际能力水平和教学需要，确保课程标准中所规定的工作任务、知识和技能得以明确学习；要尽可能真实地模拟企业的生产环境、工艺流程、管理模式、企业文化等生产特点，体现现场生产过程、氛围与组织形态特点。一是制定政策和法规，为产教融合提供保障，从宏观上构建好高等职业教育的制度、体系和政策，切实保护产教融合双方的合法权益，为产教融合的各个方面提供法律上的规范和支持；制定专门的法律或条例、规定，建立健全合作组织内部的规章制度，对组织内部进行规范和调控；出台相关的鼓励措施和税收政策，鼓励企业积极参与产教融合。二是成立行业职业教育联盟，搭建合作的平台，使深入推进产教融合成为自觉行动。根据地方产业优化升级的目标、任务和阶段性要求，为产教融合双方搭建信息沟通、技术支持的平台，紧密行业、高校、企业关系，提升内涵建设产教融合的水平，共同开展教学、科研、生产、职业资格鉴定和职业培训，实现人才、项目、技术等方面的全面共享。三是设立专项资金支持产教融合。可以设立专项资金用于产教融合相关课题的研究，或将资金投入关键技术、共性技术及前瞻性技术的研发和创新，这样一方面可以减小企业技术创新的风险、增强企业参与创新的动机，另一方面也能缓解产教融合中资金的缺乏。创新和完善产教融合管理机制，保障产教融合的顺利进行。

高校要创新和完善政府引导、校企互动、行业协调的产教融合的动力机制、调控机制、保障机制、激励机制和评价体系，建立教学生产共时、技术资源共享、课程体系共构、专业队伍共建、校企利益共赢的一体化目标，吸引企业主动参与学校办学方向、学科发展等重大问题的决策，加强产教融合的规范管理，形成以学生满意度、企业满意度、学校满意度、社会满意度为标准的评价体系。产教融合是一种关系的、利益的合作，要认真处理好公益性与市场性、服务性与效益性、合作性与竞争性的关系。建立多元化的产教融合模式，实现人才培养集约化集团式。一是高校以专业或专业群为主体，对应多类行业、企业开展点对点的合作，这是产教融合的有效途径，对中小企业集聚区域的地方性高校尤为重要。二是高校的一个专业或专业群与区域内某个行业领域的多家企业合作，并形成具有共同目标的合作平台，使学校成为区域行业发展的人才储备库。三是高校跨专业群和跨行业，以多个专业群与区域主导产业链上具有国际化战略发展优势的龙头企业集团合作，吸收产业链上更多企业参与到这个合作平台，跨专业跨行业培养人才，实现多元化人才一条龙输送。在高等职业教育发展的关键时刻，高校应抓住机遇，深化教育教学改革，根据地方经济社会发展的特点和趋势，主动与行业、企业合作，根据市场需求调整专业设置，在学科发展的各个环节实施产教融合，增强学校的社会适应性，培养出真正符合社会经济发展需要的高素质技术技能人才。

要建立"资源共享、优势互补、互利双赢"的长久的发展制度，维持合作主体间合理的利益分配和平衡关系，使协同性既有动力也有压力，彼此信任、诚心合作，把育人落在实处。依托创业中心、产业园等园区，推进人才培养与社会服务同步转型。高校要立足区域经济发展特色，把握地方发展趋势，根据地方经济社会发展的需要，加强与创业中心、产业园、工业园等园区多领域、多层次、多形式的合作，开展订单培养、合办专业，建立就业前实践的专门基地和教学工厂、共建二级学院，围绕企业重点技术需求提供技术攻关、科技研发、产品开发、信息咨询、人才培训等服务；学校教师和企业技术人员可共同组成课程小组，进行产品可教学化探索，把科技项目引入教学过程，实施项目化教学，形成专业骨干课程体系，以教育服务为理念，以人才培养模式改革为载体，在助推地方经济转型升级的过程中，实现社会服务与人才培养的同步转型，在驱动地方经济社会发展的同时，提高自身的创新力、发展力和竞争力。

二、产教融合中的国家骨干高等职业院校发展

2010年,在对国家示范高等职业院校建设项目成果充分认可的基础上,教育部、财政部对继续延长该项目计划的实施做出具体安排,确定新增100所骨干高等职业院校建设,继续发挥财政专项对高职教育改革发展的引导作用,推进地方政府完善政策、加大投入,创新办学体制机制,推进合作办学、合作育人、合作就业、合作发展,增强办学活力;并将校企合作体制机制建设作为突破工学结合教学改革瓶颈的重要举措,形成人才共育、过程共管、成果共享、责任共担的紧密型合作办学体制机制,促进校企深度合作,增强办学活力,形成新的引领机制。

骨干院校项目建设文件规定央财资金可以部分安排用于办学体制机制创新,成为政府引导骨干院校建设项目推进产教融合、校企合作的重要信号。一批国家骨干建设项目院校领导普遍认为,骨干建设项目不仅仅使学校办学业绩得到明显提升,更重要的是在校企合作体制机制上取得了成功突破,为工学结合的人才培养模式改革提供了保障。90%以上的骨干项目建设院校成立了校企合作办学理事会,职教集团的骨干院校所有重点建设专业都成立了学科发展指导管理协会,部分重点专业探索了校企合作的升级模式。

《2018中国高等职业教育产教融合的水平年度报告》是由全国高职高专校长联席会议委托,上海市教育科学研究院和麦可思研究院共同编制的高职产教融合的水平年报,已经连续发布几年。几年来,报告始终坚持需求导向、坚持第三方视角、坚持创新发展,逐步形成了由学生成长成才、学校办学实力、政策发展环境、国际影响力和服务贡献力构成的"五维产

教融合的水平观",探索建立了不同维度产教融合的水平评价的指标体系,持续引导高等职业教育强化内涵、提升产教融合的水平,成为社会了解高等职业教育的重要窗口。

报告显示,学生自信、上进等良好素养逐步形成,实践教学、社团活动的育人功能日益显现。毕业生就业率、月收入、专业相关度、母校满意度、自主创业比例、毕业三年职位晋升比例等指标稳中有升。毕业生就业产教融合的水平进一步提高,职业发展上升空间扩大,为阻断贫困代际传递做出贡献。云计算、物联网、大数据、智能制造等相关专业高速和高质量发展,支撑新兴产业能力增强。高等职业院校深化产教融合过程中注重将产业先进技术等元素融入教学过程,企业的育人作用不断体现。专业教育与思想政治教育同向同行,呈现全方位育人的良好态势。信息化课堂教学渐入常态化,优质教学资源跨区域跨行业共建共享机制开始形成。高职教育服务脱贫攻坚呈现新态势,形成"专业支撑+产业扶贫""组团式扶贫"等特色模式。校村合作、校镇合作成为城乡融合新模式,成为乡村振兴人才培养的新特点,一批中西部地区院校正在成为当地发展的新地标。优质院校得到地方政府和行业领军企业的认可与支持,为"中国制造"注入新动力。服务贡献50强院校整体水平有较大提升。高等职业院校服务"一带一路"呈现区域特点,开放办学持续深化,境外办学更加多样化。专业教学标准和课程标准逐步得到认可,来华留学与培训量增长明显但仍处于起步阶段,亟待高等职业院校加强专业标准建设,更需要各级政府的政策引导和资源支持。

报告强调,政府责任是高等职业院校发展的环境质量重要方面。产教融合校企合作、教育脱贫攻坚等政策密集出台,优质院校建设成效显现,创新发展行动计划进一步落实。高职教育生均公共教育费用继续增长。产教融合的水平年报三级发布制度进入常态化，社会影响力增强。高等职业院校不平衡不充分发展问题亟待解决，高水平建设更需要强化中央财政的专项引导。报告首次发布的高等职业院校教学资源50强显示：东部地区高等职业院校资源水平整体较高；中西部地区院校的生均教学科研教学设施值等资源水平较弱，需要加大投入，加强建设；示范骨干高等职业院校教学资源水平优势明显，体现出财政专项投入对于高等职业教育发展的重要作用；教学资源存在明显的区域和院校不平衡性，亟待政府和院校予以重视。

第二节　高职院校产教融合存在的问题

目前，中国正处在全面建成小康社会的决定性阶段。工业化、信息化、城镇化、农业现代化同步发展。产业结构在调整、生产方式在变革、经济社会在转型，这些重大的变革带来的必然是社会职业岗位的重大变化，行业、企业对技能型、应用型、创新型、复合型人才的需求明显加大。

然而，当下高等院校人才培养与社会的需要的预期还有很大的差距，甚至渐行渐远。一方面，企业和各类机构迫切需要的是能够开拓事业、承担责任的各类人才，但现实状况却不尽如人意；另一方面，每年数百万的大学毕业生急于落实工作单位，却很难找到愿意给他们提供就业岗位的单位。与就业难和就业产教融合的水平不高相对应的是，用人单位高薪也难以聘用到合适的人才，中国中高级技术技能人才需求缺口逐年扩张。麦肯锡全球研究院报告显示，到2020年中国用人单位将需要1.42亿受过高等教育的高技能人才，如果人才的技能不能进一步得以提升，中国将面临2 400万的人才供应缺口。正是基于此，如果地方高校在人才培养路径上不做出改变，那么就不仅影响了国家高等教育结构的均衡发展，而且也严重制约了区域经济社会的发展。

从教育部2012年公布的中国高校毕业生就业率排名来看，985高校位居第一，高职院校高居第二，211学校、独立学院、科研院所分列第三、四、五位，而地方本科院校仅列第六位。就业难并不是唯一存在的问题，就业产教融合的水平不高的情况也十分严重。在就业难的形势逼迫下，很多大学生选择非自愿就业。在少部分对口就业的大学生中，55.6%的学生认为所学知识难以满足工作的需要。

一方面是"用工荒"，另一方面是"就业难"，高校人才培养与社会的需要之间存在较大差距已是不争的事实。主要问题绝不是数量问题，实质上是人才培养标准的问题，也就是标准错位。深化产教融合、校企合作，培养大批技能型、应用型、复合型人才是经济社会发展对高等教育提出的新要求，主动适应经济社会转型发展新常态，充分发挥企业主体在实践型人力资源培养中的作用，是全面提高教育教学产教融合的水平，提高大学生创新创业能力的重要渠道和必由之路，更是地方本科院校生存、发展的内在需要。

中国高等教育进入大众化后，让更多的青年学子圆了大学梦，但随之也带来了一系列问题，特别是给高校改革人才培养模式、保障教育教学产教融合的水平提出了更高的要求和更加繁重的任务。历史和实践告诉我们，高等教育必须适应经济社会的发展，否则就将受到惩罚，牛津大学和剑桥大学都曾经有过前车之鉴。当18世纪60年代英国产业革命兴盛之时，产业革命中的技术并不是直接源于英国的高等教育，英国的高等教育与产业革命是一种疏散的关系，高等教育对产业革命没有发挥出应有的作用，牛津和剑桥两所大学对于正在发生的产业革命采取"事不关己"的态度，自我封闭严重，宗教限制严格，学术风气退步，教学水平下降，考试制度僵化，与时代需求严重脱节。结果，两所学校都陷入了长达近一个世纪的衰退。反而是伦敦大学和一系列城市学院在产业革命中的兴起，带来了大规模的新大学推广运动，革新教学方式，承担了许多市场运行中的技术科学实验和研发工作，从而迎来了英国高等教育的全新发展，也实现了高等职业教育和产业发展技术的有效对接和助推。

校企合作和产教融合是在职业教育发展过程中应运而生的，我国的职业教育兴起较晚，校企合作也相对滞后。从现状看，高校、从高职升为本科的本科院校及转型较早的普通本科院校校企合作做得较好，大多数刚刚转型的普通本科院校在这方面还处于起步阶段。我国应用型本科高校的人才培养模式仍处于较低层次的校企合作阶段，还没有达到产教深度融合的理想状态，主要表现在以下个方面：

一、合作不稳定，融合渠道不贯通

由于企业与学校在性质、体制、功能和结构上的不同，在初期校企双方很难实现真正意义上的合作。公司的发展方向是利润，需要创造经济效益，因此缺乏与高校开展校企合作的动力。大多数校企合作关系的建立与维系主要还是靠人脉关系和信誉。这样建立的合作关系，大多是短期的、不规范的、难以持久的低层次合作，未能形成统一协调的、自觉的整体行动，合作的成效参差不齐。要真正解决这些问题，就要尽快构建由政府主导的校企合作政策与管理机制，以立法的形式制定有关职业教育校企合作的法规或条例，明确政府、行业企业、高校在校企合作中的职责和义务。完善的制度内容是职业教育产教融合发展的根本保障，也是职业教育人才培养工作顺利开展的基础。要改变我国职业教育发展现状，加快落实产教融合政策，需要各级政府出台与之配套的规章制度。在这方面能给二者架起桥梁的就是政府。在鼓励措施方面，与传统意义上职业院校单一的教育模式不同，助推职业教育产教融合需要不同行业企业的积极参与，协助职业院校开展教育活动。但是，由于目前政府机构所出台的政策在内容设计上较为宏观，缺乏强制性，在产教融合深入发展阶段无法规范企业的参与行为，所以不少企业在校企合作教育开展过程中仅仅关注自身的经济利益，不愿主动融入职业院校的人才培养过程；校企之间缺乏更深层次的交流，难以体现产教融合发展的现实意义。在各种制约因素的影响下，当前职业教育产教融合制度建设依然存在诸多不足，尤其在鼓励措施、管理机制、法律和法规建设等方面，难以为产教融合的顺利开展提供保障。尽管自2014年起，国家针对教育发展现状，在产教融合政策制度建设方面投入了大量精力，国务院也在《关于加快发展现代职业教育的决定》中明确强调了在职业教育发展中落实产教融合的重要性，充分肯定了产教融合的价值，但在产教融合发展的相关法律和法规建设上较为滞后，致使不少地方职业院校在与企业合作时，无法通过法律途径维护自身的权益。

在管理制度和模式建设方面，作为一个系统的发展工程，产教融合的深入实施需要职业院校、地方政府及社会企业三大主体的相互协调及配合。政府部门作为协调性机构，应在实际发展过程中发挥自身的组织协调作用，通过建立相关制度，明确职业院校、行业、企业等主体在产教融合实施过程中的地位、责任分工，监督校方、企业单位工作的落实。尽管职业教育产教融合政策出台以后，教育部门在职业教育法中明确了政府、职业院校及企业的责任，但没有详细规定各组织机构的具体责任内容，致使国内产教融合政策实施时存在缺乏主体或主、客体颠倒的情况。此外，与其他经济政策类似，产教融合政策的实施也需要国家法律和法规的保护。传统的学校教育制度偏重于院校自身发展而忽视面向经济建设的发展。这导致在理念和认识上存在诸多误区，各地各院校对产教融合无法达成共识。

有人认为校办产业就是产教融合，有人主张产教融合就是办"校中厂""厂中校"，有人觉得企业的逐利性与学校的公益性之间具有不可调和的矛盾，产业与教育是不可能实现融合的，等等，正是基于此，对高职教育深化产教融合缺乏应有的重视。2016年，国务院教育督导管理协会为引导高等职业院校加强内涵建设，促进产教融合、校企合作，将全国高等职业院校评估的主题确定为"高等职业院校适应社会的需要能力评估"，将企业参与高等职业院校办学、共同育人和服务经济社会等指标作为评估的重点，以推进高等职业院校提高人才培养和服务地方经济社会发展的能力。但从现实状况看，这一评估主题并未像"高职高专院校人才培养工作水平评估"和"高等职业院校人才培养工作评估"等评估工作那样引起高等职业院校的重视，很难真正发挥好助推价值。配套政策与评价体系不足，使得企业方面缺少动力。

目前，国家和地方在职业教育产教融合方面的法律和法规建设上仍显薄弱，相关条款的力度、操作性与约束性也存在不足。在此情况下，产教融合往往容易流于表面，不够深入，企业参与高职教育的驱动力欠缺、有效性不够，存在浮躁、急功近利的现象。高职教育深化产教融合的政策体系、标准体系、统计体系、绩效评价等亟待加快形成。尤其是当前大数据已成为国家重要基础性战略资源，正发挥着引领全局、覆盖全面、贯穿始终的独特作用，引导着人、财、物等各类资源各尽其用。在此背景下，更加需要加快完善统计、分析与评价体系，及时反映产教融合的水平与效益。《关于深化产教融合的若干意见》要求"积极支持社会第三方机构开展产教融合效能评价，健全统计评价体系"，并要求"强化监测评价结果运用，作为绩效考核、投入引导、试点开展、表彰激励的重要依据"，若能够加快落地，将对深化产教融合突破瓶颈发挥重要的作用。产教供需的双向对接困难重重，市场的优秀力量难以进入职业院校专业教学。产教融合的育人价值在于把产业升级的先进技术、先进工艺等融入教育教学资源与教育教学过程中，使专业教学能够不断对接产业发展、服务产业发展。但是，由于高等职业院校体制内教师的专业能力往往难以适应产业升级和技术高速和高质量发展的要求，加上繁重的专业教学课时压力，所以专业教师既缺乏对接产业发展的能力，也缺乏吸收产业先进技术元素的时间和动力。而行业企业和社会培训机构在面向市场、对接产业升级和技术发展方面具有优势，作为体制外的存在，是要以灵敏的嗅觉与快速反应才能生存和发展的，它们可以为高等职业院校面向市场、对接产业发展需求提供优质的课程资源和教学服务。但是，由于市场治理结构还不完善，既缺少体现市场合作和产业分工的专业化教学服务组织，也缺乏引入这些市场优秀力量的动力和机制。

二、合作模式单一，合作内容不深入

应用型本科高校要实现人才培养、终身教育、技术创新、社会服务等功能，必须与行业企业紧密结合，与地方社会经济发展实现良性互动，校企合作、产教融合应贯穿于人才培养的全过程。校企合作的深度和广度直接关系着人才培养产教融合的水平的高低和高等职业教育社会功能的实现。然而现阶段我国地方应用型本科高校正处于转型发展的初期阶段，校企合作主要局限于共建学生实习基地、订单式培养、岗位实操等，转型较快的院校引企入校建立校中厂或引校入企建立厂中校，但总体来看，合作模式比较单一，合作内容不够深入、系统、实在。出现这种局面的原因是多方面的，主要是校企双方对合作内涵和意义认识不到位，没有建立起合作的长久的发展制度和约束机制，企业出于自身的原因对合作缺乏动力和热情，地方高校对校企合作准备不足，没有制订出科学合理的校企合作方案。

作为实施政策的协调组织及监督机构，政府部门在职业教育产教融合政策的实施中有着决定性影响。在经济法律文件中，没有针对校企合作、产教融合出台专门规定，也没有建立学校与企业之间经济利益的分配标准。虽然国家在产教融合的政策建设上做出了大量的努力，并于2017年12月出台了《国务院办公厅关于深化产教融合的若干意见》，其中对强化企业重要主体作用做出了相关的任务分工，但从分工内容上来看，仅仅进行了宏观层面的规划指导，在具体的制度建设上还有很长的路要走。一旦具体制度建设无法跟上产教融合的发展步伐，将很难引导校企双方走规范化合作道路。尽管在国家的号召下，教育部门现已通过文件发布的形式，进一步完善了产教融合发展政策，要求校企加强交流与合作、共同培养更多高素质的技术技能型人才，但现有政策文件在内容设置方面多以鼓励、倡导为主，缺乏执行层面的引导性政策，导致校企双方难以在产教融合实施过程中形成默契。实践表明，产教融合发展的深入发展必将涉及不同主体资源的整合，在整合过程中因不同主体而考虑的侧重点不同，因此在校企合作的责任、权利及利益分配上极易出现分歧，需要国家通过法律和法规给予明确规定，保障校企合作更加有序。

缺乏法律保障。在产教融合、校企合作中，对于校方与企业的责任和义务、风险与收益、资质与范围等内容没有明确的法律规定，学校、学生和企业在产教融合中的合法权益得不到保障，产教融合难以顺利开展。

缺乏组织保障。学校和企业之间缺乏沟通的桥梁和协商的平台，没有统一的组织协调部门，导致产教融合难以大规模、高效率、有条理地开展。

缺乏制度保障。一方面，高等职业院校缺乏产教融合的制度保障。大部分高等职业院校都处于产教融合的探索阶段，在学时分配、教员配置、资金投入、学生考核等方面都缺乏制度规定，导致产教融合难以走规范化道路；另一方面，地方政府、企事业单位和教育行政部门缺乏对产教融合的指导性文件，导致产教融合缺乏理论指导和行为规范。

受到传统教育观念的影响和办学条件的限制，部分高等职业院校还没有形成产教融合的意识，仍然坚持"重理论、轻实践"的教学理念，在课程设置、办学模式、师资力量等方面的条件无法满足产教融合教学的需求，给产教融合教学模式的构建与实施带来困扰。

课程设置不够完善。高等职业院校在专业设置、课程内容、课程结构等方面存在较大缺陷，专业设置存在盲从、跟风、墨守成规等问题，导致学科发展无法满足企业需求，学生就业困难；课程内容存在教材陈旧、技术落后、知识更新缓慢等问题，导致理论知识的传授与企业实践脱轨；课程结构存在课时分配不合理、理论无法联系实践等问题。

办学模式创新不够。高等职业院校在办学模式上存在以下弊端：一是过分强调整齐划一，缺乏行业特色、无法满足企业具体需求；二是基础设施落后，无法带领学生积极开展教学实践；三是战略定位落后，没有带领学生参与社会实践，走上工作岗位。

师资力量不够。产教融合要求教师不仅具备深厚的专业理论知识，更要具备丰富的职业经验和良好的专业技能，高等职业院校教师能否完成思想观念上、角色位置上和业务能力上的转变，满足产教融合的需求，成为产教融合能否顺利开展的关键。

目前，许多企业还没有意识到产教融合能给企业带来的切实利益，认为校企合作就是将企业作为学校的实训基地，履行培训学生的职能，无法为企业创造价值。对于产教融合在助推企业创新、提高员工素养、提高生产水平和效率等方面的作用持不乐观的态度。

三、在合作对象的选择上存在误区

在社会主义市场经济背景下，行业之间的分工日益明确，企业的生产功能与学校的教育功能逐渐划分出明确的界线。在行业竞争压力日益激烈的今天，不少企业缺乏参与产教融合的发展动力，即便是响应国家政策来参与职业院校产教融合，也多半是浅尝辄止，不愿与校方展开深入合作。作为以营利为发展宗旨的企业，以追求利益最大化为主要目标。校企双方在合作对象选择上都存在认识误区和实践误区。很多地方应用型本科高校在校企合作方面，往往急于求成，片面追求高大上，把目标瞄准域外大型行业企业，追求轰动效应，满足虚荣心理，结果由于自身条件和区位限制，合作效果不佳。从企业行业来看，企业在选择合作对象时，往往患得患失，追求短期利益，缺乏长远战略。由于地方高校处于转型发展的初期，能够为企业提供直接利益的能力有限，所以在短期利益驱动下企业不愿承担校企共育人才、扶持地方高校发展的社会责任，即使合作也更愿意选择那些科技研发能力强、人才培养产教融合水平高、能够带来直接经济利益的老牌高校。由于校企双方合作理念、合作目的相左，利益相悖，如果缺乏约束机制，校企双方很难走到一起，即使勉强合作，也不会有好的效果。尽管从表面看来，由于人才培养需要耗费大量的人力、物力及财力，所以不少企业在实际发展过程中，并不愿意将人才培养纳入产业价值链，更倾向于借助产教融合与校方展开合作，以此降低自身的人才培养成本；但发展事实表明，企业与校方开展合作并非"免费"，它们也需要向学校提供大量的资金、设备，为职业院校教学活动的开展提供保障，甚至也会定期到校参与学校举办的实践课程教学，这也将耗费大量的资金。正是基于此，与和校方合作相比，企业更倾向于将设备及资源用于内部人才培养上，这样一方面能体现出自身的人性化管理，提升对优秀人才的吸引力；另一方面也能将资金用于购买专业化设备或直接投放到生产一线，为企业带来经济利益。国内不少发展较为成熟且资金较为雄厚的企业，若非考虑企业社会形象的塑造及企业品牌知名度的提升，并不愿意主动加入职业院校的产教融合发展队伍。与此同时，反观我国多数中小型企业，出于运营资金的压力，在转型升级阶段一般只有在岗位需要人才时才会招聘，平时并不注重人力资源的储备，也没有将更多的精力和财力放在产教融合发展中。大型企业的不屑及中小企业的力不从心，使得职业教育产教融合陷入进退两难的局面。此外，职业院校作为以培养技术技能型人才为主的组织，与其他普通院校相比，在理论创新方面较为薄弱，也难以给处于转型升级中的企业带来具有潜在商业价值的思想。学校以培养人才为主要目的，强调"过程比结果重要"；企业则强调"结果比过程重要"，认为能为企业带来经济利益才是关键。这两种相反的思想主导的规章制度，若用于对同一群学生的培养，必然出现冲突，加剧校企双方的矛盾。在诸多因素的制约下，企业参与职业教育产教融合的积极性和动力不足。

虽然大型企业愿意为学生提供顶岗就职的机会，但因现有的技术能力有限，岗位实操结束以后能留岗就职的学生数量较少，所以不少企业参与产教融合的投入资金与收入难成正比，反而给其生产埋下了诸多安全隐患，这致使校企双方在合作过程中难以实现共赢，也导致企业在产教融合发展过程中的积极性不高，不愿意投入过多的精力和资金成本。除以上两点因素以外，校企双方的文化差异，也是当前不少企业不愿积极参与产教融合的主要因素。

四、校企合作的经费难以保障

校企合作是一个复杂的系统工程，校企双方联合进行科技研发，共建科研和学生实训平台，都需要投入大量的人力、物力和财力。但现状是，国家和大多数地方政府鼓励和助推校企合作的奖励拨款制度和财政拨付机制还不完善，国家对企业深度参与职业教育的职业教育税费、信贷优惠政策还没落实到位，社会捐助渠道也不畅通。从企业层面来看，按照校企深度融合共育人才的要求，企业应当全程参与教育，对人才培养投入一定的人力、物力资源，但是目前的校企合作关系设计多以学校为中心，无法保障企业在合作中的获益，导致企业的积极性不高。从高校层面来看，部分经济发达地区的高校，经费比较充裕，而那些经济欠发达地区的高校，经费本身就不充裕，投入有限，校企合作的深度难以保证。作为行业发展的指导性组织机构，行业协会对经济社会行业发展有促进作用，能够根据社会主义市场经济的变化完善岗位职能。目前，我国政府为了保证经济的有序发展，通过政策文件的发布强化了自身的管理职能，在很大程度上削弱了行业协会的指导职能，无法为产教融合发展保驾护航。尽管在产教融合实施阶段，教育部门出台了一系列政策性文件配合行业协会开展工作，但取得的效果并不尽如人意。另外，在我国相关法律文件中，行业协会在职业教育发展中的指导地位并未得到保障，没有充分体现其社会价值。之所以产生以上问题，除了国家法律规定缺位以外，也侧面反映了国内行业协会自身发展的不足，尤其体现为对行业岗位标准及课程标准建设的指导作用有限，在助推职业教育产教融合上缺乏相应的法定职能。目前，全国已成立6万多个行业协会，大致可分为中央、省级、市级与县级四大层次，在少数民族地区也相继开设了自治行业协会，为市场行业的有序、协调发展做出了巨大贡献。然而，在科技创新及商业运营模式变革的双重引导下，国内职业岗位发生了翻天覆地的变化，致使国内行业协会难以根据市场发展走势，给出更为详细的职业标准，协助企业发展。职业教育产教融合涉及的内容较为丰富，除基本的人才培养以外，还需协助企业开展技术研发、产品创新等工作。日益丰富的教学内容和人才培养模式虽为职业院校教学产教融合水平的提升提供了发展路径，但也意味着需要投入更多的启动资金。职业教育产教融合如果仅仅依靠政府有限的经费投入往往难以为继。由于目前尚未建立与之配套的资金投入保障制度，加上科研创新存在诸多偶然性及不确定性，所以大部分企业不愿意将大量经费注入职业院校产教融合实践中，开展的诸多科研工作也时常因为经费问题陷入困境。现阶段如何确保职业教育产教融合资金的稳定投入，已成为业内人士探讨的核心。如果该问题不能及时解决，势必导致职业教育产教融合的价值大打折扣。

五、双师型师资队伍建设滞后

校企合作需要校企双方共建一支具有双师素质的高水平师资队伍，很多转型发展的地方高校已经采取多种措施开展双师型队伍建设，但就现状来看不容乐观。很多地方高校刚从职业院校转为应用型高校，原来的师资以理论知识的传授为主，无法适应实验、实践等实践型人力资源的培养工作，更谈不上和行业、企业联合进行科技研发等应用型科学研究，服务地方社会经济发展的能力有限。而企业师资虽然实践动手能力强，但多数理论功底不足，且缺乏从事高校教学的基本技能和方法训练。师资队伍的薄弱严重制约了产教融合的深度和广度，影响了实践型人力资源培养的产教融合的水平。

六、产教融合的水平保护机制和评估体系的缺位

有的学校即使制定了管理制度和产教融合的水平标准，在执行过程中也存在这样那样的问题，导致有章不依。例如毕业实习，很多高校学生实习时间长达一年，但如何对学生实习尤其是分散实习进行有效管理、如何规定高校和企业指导教师的职责、如何评价实习效果等这些问题还没有得到很好的解决。产教融合的水平保护机制和评估监督体系的缺位和不完善，导致目前大多数高校的校企合作处于散乱无序的状态，更谈不上保证产教

融合的水平。

从目前的情况看，校企合作各环节如专业设置、师资队伍建设、实验室建设、课堂教学、就业前实践、毕业设计都缺乏与实践型人力资源培养相适应的产教融合的水平标准和规范的管理制度。

第三节 产教融合发展的路径的必要性分析

根据《现代职业教育体系建设规划（2014—2020年）》，我国现代教育体系除基础义务教育外，还分普通教育体系、职业教育体系、继续教育体系三部分。初等职业教育、中等职业教育、高等职业教育构成职业教育体系，高等职业教育里面分高职专科、应用技术型本科、专业学位研究生三个层次。而普通教育体系包含普通高中教育、普通本科教育、学术学位研究生教育三部分。高职教育是高等教育的重要组成部分，是高层次职业教育。《教育部关于加强高职高专教育人才培养工作的意见》（以下简称《意见》）指出，高职教育的培养目标是"培养拥护党的基本路线，适应生产、建设、管理、服务需要的，德智体美等方面全面发展的高等技术应用型专门人才；学生应在具备必备的基础知识和专门知识的基础上，重点掌握从事本专业领域实际工作的基本能力和基本技能，具有良好的职业道德和敬业精神"。《意见》同时指出："高职教育要以培养高等技术应用型专门人才为根本任务，以适应社会需要为目标，以培养技术应用能力为主线设计学生的知识、能力、结构素质和培养方案，毕业生应具有基础理论知识适度、技术应用能力强、知识面较宽、素质高等特点；以应用为主旨和特点构建课程和教学内容体系；实践教学的主要目的是培养技术应用能力，其在教学计划中占较大比例；要有一支'双师型'教师队伍；学校与社会用人部门结合，理论与实践结合是基本途径。"该《意见》对高职高专培养方案、知识体系、技术技能、师资培养、培养途径等七方面做了明确要求。《教育部关于以就业为导向深化高等职业教育改革的若干意见》将培养目标定义为"坚持培养面向生产、建设、管理、服务第一线需要的'下得去、留得住、用得上'，实践能力强，具有良好职业道德的高技能人才"。该意见对高等职业教育培养目标明确指向为面向基层一线培养人才。

纵观我国高校产教融合，校企协同是高等职业院校开展高校的大学生双创教育重要的保障机制。高校的大学生双创教育发轫于20世纪80年代末期，我国高校开展高校的大学生双创教育已有近30年的探索和积累，已经将高校的大学生双创教育纳入高等教育体系。就高职教育而言，我国高职教育在20世纪末才得以高速和高质量发展，在21世纪初期形成办学规模，与本科教育相比高校的大学生双创教育起步晚，职业院校的大学生双创教育的理论研究和实践尚未融入人才培养的全过程教育机制。

随着国家创业带动就业的战略推进和构建产教融合的现代职业教育体系的提出，高校的大学生双创教育在中国又发展到了一个新的转折点。对照产教融合、构建现代职业教育体系的要求，职业院校的大学生双创教育主要存在以下几个方面的问题：

一、提高人才培养产教融合的水平，提升办学水平的需要

技能和职业素质的培养一定要具备以下四个基本条件：

第一，有丰富工作经验的老师（师傅）。

第二，有一定的职业环境。

第三，有工作岗位这个载体。

第四，经验积累。

在技能培养过程中，学生要在老师手把手指导下，在工作岗位上接受长期的磨炼，积累经验，才能不断成长。正是基于此，传统的培养方式已经不能适应高职教育，只有通过创新培养模式，使高等职业院校和产业深度融合，通过"五个对接"，才能培养出高技能人才。

职业院校的大学生双创教育20世纪90年代初期刚刚起步，发展至今，已经取得了一定成效。行业、企业本是职业教育最大的受益者，也应是办学主体之一，但对推进大学生高校的大学生双创教育关注度低，在校企合作中难以提供学生高校的大学生双创教育实践平台，尚未建立高校的大学生双创教育培训和高校的大学生双创教育实践支撑和服务体系。但是，目前职业院校的大学生双创教育主要以学校实施为主，主要教育实践活动还没有参与社会实践，尚未形成政府、行业、企业和高校多主体协调推进的机制。政府层面虽然已经出台了一些推进大学生高校的大学生双创教育的政策，但是与社会、行业和企业相关的创业优惠政策难以真正落到实处，缺乏法律保护机制，也缺少创业资金支持。

二、行业企业发展需求

部分高等职业院校对高校的大学生双创教育认识存在偏差，没有将高校的大学生双创教育定位为适应经济社会和国家发展战略需要。调查显示，大多数高等职业院校高校的大学生双创教育依附于就业教育，把高校的大学生双创教育作为提高毕业生就业率的一种手段，把学校高校的大学生双创教育和创业混为一谈，只是简单地向学生传授创业知识和创业技能，未能形成重视创业实践体验的、完整的高校的大学生双创教育课程体系。如果说机器设备等固定资产等因素决定行业企业发展空间的下限，那么员工产教融合的水平、员工素质则决定行业企业发展空间的上限。培养出高技能人才应是行业的学生有较高素质和技能，一毕业就就业，一进厂就上岗，实现了就业零距离。目前我国职业教育已经在推进产教融合中形成了"订单式"培养、工学交替、校中厂、厂中校、"政、校、企"联动等校企合作育人模式，形成了"合作办学、合作育人、合作就业、合作发展"的校企合作人才培养理念。用人单位也节省了一大笔新员工上岗培训费，降低了企业成本。员工技术好、素质高一定能带动生产水平和效率的提高，提升经济效益。高校的大学生双创教育被联合国教科文组织称为教育的"第三本护照"，和学术教育、职业教育具有同等重要的地位。高校的大学生双创教育作为一种教育体系，必须结合和渗透到现有的高职教育体系之中。但是，高等职业院校高校的大学生双创教育在顶层设计上还没有依托产教融合、工学结合的平台，融入高职人才培养体系，作为建设产教融合职教体系的重要组成部分，在制订专业教学计划时未能把创业意识培养、创业素质的提升作为高校的大学生双创教育的主要内容融入专业教育教学过程之中，渗透理论和实践教学的课程体系，落实到各个环节，形成与工学结合有机融合、校企协同全过程培养人才的高校的大学生双创教育机制。

三、社会经济发展由向人口要红利向人才要红利转变的需要

我国改革开放以来几十年社会经济建设取得了伟大成就，在一定程度上，人口红利贡献很大。随着我国实际劳动力人口拐点的到来，原有的发

展路径难以为继，必须从"流汗模式"切换到"智慧模式"。它将构建政府、学校和社会三方新型关系，促进形成政府宏观管理、学校自主办学、社会广泛参与的新格局，支持社会、行业、企业以资本、知识、技术、管理等要素参与举办职业教育，从而建立健全政府主导、社会参与、办学主体多元、办学形式多样、充满蓬勃的生机的高职教育办学体制，具备政府、行业、企业和高等职业院校等多方主体协同融合，推进校企全过程培养人才的特点。

正是基于此，加快转方式、调结构、促升级是以后一段时期的"新常态"。创造人才红利，实施创新驱动是今后社会经济发展的助推器。产教融合是教育制度，同时它也是经济制度、产业制度的组成部分。

四、学生提升自我价值的需要

高职教育的职业性决定了学生能知晓所学专业对应岗位群，知晓通过三年大学学习能掌握何种技能，学习目标具体而明确。产教融合这种培养模式能激励学生学习积极性，有利于学生知识的构建、技能的掌握，更有"获得感"。另外，学习目标的明确可以更好地激励学生学习，在有效的动力助推下，学生更加具有强烈的自我存在感，进而自我价值相应得到提升。

第六章 产教融合实训基地的"双师型"教师团队建设

在21世纪背景下，经济迅速发展，对职业技术教育而言，机遇与挑战并存。职业技术教育要使自身价值充分实现，满足社会主义市场经济的需求。尤其是在智能制造、品牌制造以及高端制造的时代，职业教育更要紧跟时代潮流，培养出更多掌握高端技术的"制造人"作为经济发展的智力支持。高职院校学生作为新时代下应用型人才的储备军要做学合一，手脑并用，把专业理论应用到实践中，同时在实践中检验并深化所学理论。只有加强实训基地的建设，才能改变学生只学不做的局面，提高我国的人才软实力，缓解就业压力，提升传统产业，推动新兴产业，促进社会经济的发展。认识事物，分析并掌握事物要以问题作为研究起点，基本问题的研究是分析事物发展的核心问题。近年来，有关高职院校实训基地建设的研究数量与日俱增，然而，关乎实训基地建设命脉的基本问题研究却很少有人问津。

基于此，我们希望通过此研究探讨出贯穿实训基地建设发展始终的基本问题，为其发展探寻实用性策略。研究高职院校实训基地建设的基本问题首先要明确这一研究课题所处的时代背景，以背景为前提掌握其发展历史与趋势。根据一定的理论研究与实践经验理清高职院校实训基地建设基本问题的本质概念，并结合国内外的相关研究现状，运用多种研究方法对其展开系统全面的探究。在改革开放背景下，迅速发展的社会与不断腾飞的经济要求高等教育也随之进行深化改革。经济迅猛发展，对专业人员需求日益旺盛。1980年，在此背景下我国试办以南京金陵职业大学为代表的13所高职院校，是我国高职教育逐日兴起的标志性事件，标志着国家政府对高职院校职业教育的支持。1996年我国通过了《中华人民共和国职业教育法》，该部法律的颁布是国家对高等职业教育的标志性法律认可。经过20多年的探索，作为高等教育的重要组成部分，我国高等职业教育发展取得的成绩斐然。2014年，《国务院关于加快发展现代职业教育的决定》（以下简称《决定》）提出实现构建具有中国特色的现代职业教育体系的目标，进一步推进了现代职业教育的发展。时代的发展和经济的繁荣为职业教育的发展打造了宽阔的平台。

高职院校要培养高技术人才，与高职院校教学质量息息相关的实训基地便成为建设之重，国家政府部门也给予了其更多的关注。2015年我国《教育部关于深化职业教育教学改革全面提高人才培养质量的若干意见》（以下简称《意见》）是落实《决定》的重要举措，职业教育中突出存在的教学问题和人才培养问题也在其中得到了探讨，进一步指出了职业技术教育的发展目标，即要构建合理的职业教育的相关教学体系，保证质量，培养创新型的高技术人才。《意见》中多次强调要强化实践教学，采取多种实习形式，搭建起理论知识和实践操作的桥梁。在高职院校中，学生要提高实践能力，关键在于基地的建设质量，建设高水平的实训基地是提高高职教育的重中之重。然而，实训基地仍然存在结构不合理、体制不完善、质量亟待提高等诸多问题。

此外，基地建设总体上落后于高速发展的经济，高技术应用型人才在21世纪发展背景下形成巨大空缺。由此可见，这些问题都严重阻碍了高职教育的健康发展，基地的内涵发展与质量建设迫在眉睫。职业教育的基本问题研究是为响应我国教育科学"十五"规划而提出的一项课题，如今，已有多个省份开始重视有关我国职业教育的基本问题研究。在我国高等职业院校实训基地建设的基础研究领域里，我们需要更多聚焦于基本问题的研究。该项研究主要涉及基地建设的价值、模式、资源以及解决的方式与途径等众多方面，但是，在迄今为止的高职院校实训基地建设研究中，尚未发现与该问题具有直接相关性的深刻分析。因此，不论从理论层面还是从实践层面，对该问题展开深层次的探究必定具有重要的意义。制约我国职业教育发展中"双师型"教师团队建设的首要"瓶颈"就是实训基地建设如何能够健康、稳定与可持续发展。高等职业院校更应该对其引起高度重视。毫无疑问，对实训基地建设基本问题展开深层次的理论探究有助于从根本上搞清楚实训基地建设健康、稳定与可持续发展的理论问题，因而，该研究具有重大的理论价值。已有的研究成果多是从某个角度、某个方面进行论述的，从总体上认识我国高职院校中实训基地建设的基本问题还是有着明显的缺陷和不足，还不能完整地表述其基本问题。该研究在一定程度上有助于解决贯穿我国高职院校中实训基地建设始终的基本问题，为其他问题的解决提供基础。对高职院校实训基地建设基本问题的研究，要以一个新的视角对高职教育进行探究，试图发现提高整个高职教育质量的新途径，为职业教育的进一步深化改革与发展工作提供理论依据。实训基地的改善对于实践教学乃至对于学校未来的进步与提升影响重大，意义非凡。

对高职院校实训基地建设价值的研究，有利于理解基地建设的价值目标，促进基地建设的价值生成与完善，从而促进高职实践教学的深化改革与发展。对我国高职院校实训基地类型的研究，有利于探索建设多类型的实训基地模式，有利于带动高职院校实习实训质量的全面提升，引领实训设备投入的方向，促进政府与企业对实训设备的投入，改善高职院校中实训教学的条件。另外，为了推动职业教育改革，为社会转型提供智力保障和技术支持，一项重要任务就是要根据各区域产业结构转型发展实际探寻出一种具有区域特色的校企合作方式，而校企之间合作的关键环节之一就是校企在实训基地建设方面的合作，在校企实训基地建设合作中高职院校理应率先做好合作，解决产业结构转型发展背景下实施校企合作的一系列实践问题。该研究无疑对解决我国职业教育校企合作的实践问题方面具有重大实践价值。

第一节 高职院校实训基地概念

从哲学角度而言，恩格斯指出，基本问题是"思维和存在的关系问题""精神对自然界的关系问题""物质和精神的关系问题"。关于基本问题的三种定义只是从抽象或者具体不同的角度出发，导致了表述的不同，其实三者的本质含义是相同的。准确地说，"思维和存在的关系问题"是从抽象层面上理解哲学的基本问题，而"精神对自然界的关系问题""物质和精神的关系问题"是从具体的层面来认识其概念。基本问题是某一种事物潜在的、本质的矛盾，该矛盾能够使得一种事物与另一种事物有所区分，因此这一矛盾的解决有助于理解事物的本质问题。正如研究者南海所言："任何一种科学而完整的理论体系都应有贯穿整个理论体系的一个基本问题。"

本质观、价值观、实践观是贯穿基本问题的一条思路与线索，本质观和价值观是从理论层面来研究基本问题，而实践观则是从实践层面来研究基本问题。本质观主要从本质属性与存在形式来研究事物；价值观要明确事物的价值目标、生成以及完善；实践观主要研究事物与外部世界的关系，分析如何实现事物本身的价值，同时又根据事物自身价值实现的结果探寻相应的对策，使事物价值最大化。职业教育的基本问题指的是职业教育的客观存在以及人们对职业教育的思维意识。职业教育基本问题派生和决定其他问题。职业教育的基本问题包含"什么是职业教育？""什么样的职业教育最有效？"以及"职业教育应该怎样发展？"高职院校实训基地建设的基本问题指的是高职院校实训基地建设的客观存在以及人们对高职院校实训基地建设的思维意识。

高职院校实训基地建设的基本问题，应该具备如下几个方面的特质：第一，高职院校实训基地建设基本问题源于高职院校实训基地建设实践过程本身。它是一根在更高层次上贯穿于高职院校实训基地建设全部实践过程的红线，否则，其基本问题之基本便无从体现。第二，高职院校实训基地建设的基本问题规定着高职院校实训基地建设的性质、特点、发展模式。第三，高职院校实训基地建设的基本问题不仅要符合中国高职院校实训基地建设的实际并对中国高职院校实训基地建设具有最强的解释力，还应具有与世界其他国家与地区高职院校实训基地建设相接轨和对话的能力。高职院校实训基地建设的基本问题涉及众多角度、众多方面，本节仅从实训基地建设的价值、存在形式（类型）以及与社会生产服务之间的关系这些角度来理解高职院校实训基地建设的基本问题，即高职院校实训基地建设的价值目标，高职院校实训基地建设的类型，以及影响其发展的"软硬件"资源，最终探寻出建设高效实训基地的合理策略。

第二节 域外、域内高职院校实训基地建设现状

一、国内高职院校实训基地建设现状

2006年以来，国家高职教育实训基地经历了十几年的示范项目建设，取得了丰硕的成果。国家分三批建设了近百所国家示范性高职院校实训基地，从结果来看成绩显著，但在政策、资金投入等方面的示范建设存在局限性，生产实习占学校总学时的比例增加了20%~53%，成绩显著，但在政策、资金投入等方面的示范建设存在局限性。目前，各高职院校都十分明确，实训基地的建设对改善办学条件，提高人才培养质量起着重要作用。随着高职院校实训基地教学条件的改善，国内出现了一批在管理模式上科学、合理，在管理方式上各具特色的校内实训基地。这些实训基地的建设、管理方法及模式等为其他高职院校发展实训基地提供了较好的参考依据和良好的示范作用。但随着培训基地规模的不断扩大，包括引进国内外先进的教学设备、先进的实际应用，实训基地管理日趋复杂，对管理水平的要求也越来越高。传统的培训基地管理模式已难以适应培训基地的快速发展，培训基地管理系统的实施和培训基地运行效率的提高，对实训基地的质量控制、管理人员的稳定和能力的提高提出了更高的要求。实训基地的建设是基础，应当引起绝对的重视，但是如果想职业教育发展得更好，那就必须将实训基地的管理放在首要位置。高职院校实训基地管理存在诸多问题，这些问题主要包括管理体制不合理、管理方法落后、管理队伍的评价激励

机制不完善等。

笔者通过对 CNKI 全文数据库的查阅，发现 2004 年 1 月—2015 年 10 月近 11 年来以"实训基地"为研究主题的期刊论文共 13963 篇，以"实训基地"+"建设"为研究主题的期刊论文共 9887 篇，以"实训基地"+"建设"+"高职"为研究主题的期刊论文共 5153 篇，以"实训基地"+"建设"+"高职"+"问题"为研究主题的期刊论文共 1459 篇，而以"实训基地"+"建设"+"高职"+"基本问题"为研究主题的期刊论文共为 0 篇。经过统计分析，学界对高职院校实训基地建设的研究主要集中在基地建设模式、原则、教学、课程、师资以及存在的问题等方面。

关于高职院校实训基地建设模式的研究，笔者认为概括比较全面的是以下几种观点：沈华锦、蒋喜锋从高职院校自身、校企合作、校际合作以及政校合作四个角度提出了四种高职院校实训基地建设模式。南海教授通过案例分析了校内实训基地、校外实训基地、校际共建实训基地以及校企共建实训基地。王良春还介绍了"订单式"模式，即高职院校与企业之间签订协议，在实训基地中共同培养所需人才。同时也介绍了"双挂牌"模式，即高职院校在合作企业挂牌建立实习实训基地，企业在高职院校挂牌建立员工培训基地。

关于高职院校实训基地建设原则的研究，最具代表性的是王良春所持观点，从现实性、先进性以及服务性原则出发来建设高职院校实训基地。关于高职院校实训基地实训教学的研究，李景霞把校内实训基地的教学分为实验教学和专业技能教学两个方面。通过实验方法和充分利用演示教学方法来进行实践教学，也可采取分散实验归类集中实训方法。专业技能训练实训教学可分为专业工种实训教学、现场实训教学以及职业资格证书教学三个步骤。此外，作者还指出实训基地的教学模式在我国有如下几种：工学交替合作模式、项目合作教学模式、"E&T"合作模式、"订单式培养"模式以及"随需"模式。关于高职院校实训基地实训课程的研究，姜大源有相关研究，他所持的观点是高职院校的课程过于强调知识，而没有意识到知识和相关实践任务的结合。徐国庆也通过研究表明，专业理论知识与实践教学的分离是当今高职院校教育的一大弊端。赵志群也持有类似的观点，他指出，学校里现有的课程大多数只是让高职学生掌握相关的专业理论知识，无法满足他们对真正的实践工作的要求，劳动力市场对人才的诉求也无法实现，这样的课程无益于社会转型期经济的发展。关于高职院校实训基地师资队伍的研究，黄湘悼指出，高职院校的实训教师不仅应像普通教师一样具备一定的教学能力，还应像企业的技术人员一样掌握相应专业实践能力，建设具有双师素质的实训师资队伍。这就要求高职院校不仅要提高教师的教学能力，建立一批中青年师资队伍，还应该从先进企业中吸纳一批掌握高技能的实用型人才。

针对大多数教师缺乏相关专业实践技能的现状，高职院校应该为其去企业进修提供一定的机会，改善这一局面，建设"双师型"师资队伍是解决问题的重要措施。实训基地建设主要存在以下几个普遍问题：第一，定位不准，建设方向不明确。高职教育健康发展的关键在于实训基地建设，定位不准会使得基地建设迷失方向，浪费资源。第二，缺乏统一规划。在高职院校实训基地建设过程中，不同的学校、不同的院系，甚至不同的课程针对各自的专业建设实训基地，容易造成资源的重复与浪费，无法形成资源共享。第三，功能单一。在我国，大多数高职院校实训基地功能相对单一，学生只能在实训场所中进行简单的、低技能的训练。高度仿真的、功能齐全的、拥有先进设备与先进管理理念的实训场所比较缺乏。第四，建设实训基地的软件资源不健全。高职院校实训基地缺乏规范的管理制度，无法为基地建设提供良好的制度环境。第五，课程主导。高职院校实训基地建设不是建立在学生专业技能形成的基础上，而是在满足课程要求的教学内容的基础上进行的。实训基地的建设是以课程为指导建设的，实训基地只是简单地摆放了教学设备的教室，仅仅为了满足基本教学功能。学生在这样的环境下得不到应有的技能培训，专业技能很难得到提升。第六，资金不足。培训基地初期需要大量资金，尤其是工程类专业，需要严格的培训条件。早期投资和后期经营需要大量资金。资金短缺已成为制约高职院校实训基地建设的主要因素。第七，针对性差。以市场为导向设立专业、以岗位为导向开设课程、以能力为目标开办教学，是高职教育的核心导向。有导向地开办实训基地对于提升学生的职业技能是有益的。然而，国内大多高职院校的实训基地满足不了针对性培训，只能进行一些基础性训练，无法达到与仿真工作环境"零距离接触"。第八，技术滞后。很多高职院校因为设备陈旧、技术落伍，学生没有接触最新技术的机会，甚至形成了"旧技术指导新实践"的奇特局面，使学生的社会适应能力差，就业竞争力不强。第九，利用率低。由于校企联合、院校之间联合开展力度的欠缺，很多高职院校实训基地游走于封闭或半封闭的边缘，甚至同一院校内各专业也是毫无交叉互动。以专业为界限，独自作战，各成一派，资源整合严重匮乏，导致校内设备毫无兼容性可言，导致基地建设与资金浪费现象严重。

此外，不完善的教学制度也是实训基地建设的瓶颈之一。管理体制不合理即说明管理者没能从全局的角度去把握，运用的管理思路和管理方法不合适，导致管理过程中出现各种意想不到的难题，从而难以达到既定目标。高职院校实训基地管理体制不合理集中体现为实训基地管理混乱，教职员工任务不明确、精力不集中，教学设备使用率低下，最终导致学生成才率偏低、高职院校口碑变差的不良后果。管理过程是一个分割化管理，主要是各院系各专业根据自己的专业需求来申报建设校内实训基地，实训部（学院集中统筹管理部门）作为一级管理部门没有介入，只是在项目评估时参与，因而没有一个统一管理方法。随着教学改革的变化以及学校的发展，管理体制不合理的弊端也日益暴露。校内实训基地教学的培养模式，尤其是单个实训基地很难实现实训基地教学资源的科学配置。一方面，一些训练基地缺乏仪器设备，无法满足广大师生的需要；另一方面，由于资源分配不均，使得已有的设备仪器得不到合理的分配利用，结果必然导致基地重复建设、资源浪费和资源不足的矛盾怪相。没有实训部的牵头组织，不同专业在很多时候不能及时相互沟通，导致重复花费大量的金钱去建立相似的实训基地，购买同样的设备，导致盲目建设、重复建设，无法形成综合共享优势。有些专业的实验实践训练资源很丰富，而有些专业的实验资源满足不了教学实践要求。与此同时，有些资源相对丰富的专业并没有做好规划，没能充分发挥好实训室的优势，一些课程可以在普通教室授课，却安排在实验实训教室，造成资源的极大浪费。而对另一些专业来说，很多设备本可以公用，但由于校内实训基地安排不合理，表面上安排看似紧张，实际上利用效率低下。同时，由于专业上的差异性，不同类型的仪器设备缺乏整合共享，各专业的领导和教师对资源共享意识淡薄。因为不同专业负责人只是从自身的实践教学出发，对其他专业的资源需求没做过多考虑。各独立专业几乎各自为政，对自家的仪器设备进行"隐藏"保护，对其他专业的资源需求情况漠不关心，各管各用，基本没有交流联系。各专业应当打破这种无组织、无合作的陋习，院系领导带头，关键点是要找出不同专业之间的配合与联系。例如，经管专业的会计实训室，该实训室的计算机里安装了决算软件，适合本专业的会计学专业学生使用，同时也适合建筑工程专业学生做预算实训。

同时，管理方法传统，缺乏现代化管理。传统的培训方法多用于实训室管理，而现代管理方法的应用较少。高职院校的实训基地在管理上依然采用传统的纸质媒介，如学生进出实训室只做简单的登记，有些学校甚至连这一最基本的登记都省了。同时，在学生具体操作中存在监控有死角、监控不到位等问题，使得现场的仪器和重要设备等使用后随意乱放，不归原位，实训室呈现杂乱无章的状态。更为严重的是，由于一些学生操作不当，贵重设备损坏现象时有发生。由于缺乏过程性管理，即使登记了学生信息，也很难直接找到相关的责任人。缺乏现代化的管理体制，单纯依靠人工不能实现开放、高效的管理。管理人员人数不足，实验室实训基地长期处于封闭式管理，除上课安排外，其他时间段都处于关闭状态。传统管理方法的不足，导致实训基地资源存在使用不足和闲置并存的情况。在成本管理方面，耗材管理和资源重复利用等问题也亟待解决。

实训基地管理团队负责整个培训基地的运行和管理，培训基地的运行管理是否有效，是否科学，与管理团队的管理水平是不可分割的。笔者通过调研考证发现，很多高职院校实训基地管理人员是普通的教辅人员，其工作内容仅仅是开关实训室大门，保管仪器，工作内容层次较低。不仅如此，实训基地管理人员在职称晋升、待遇水平、职业规划等方面都普遍被忽略，导致校内实训基地的管理队伍人心不齐、班底不稳、工作积极性普遍不高。此外，笔者经过调查研究发现，也有部分的实训基地管理者是由相关课程的教师兼任，而专任教师一般课程任务比较重，再加上科研任务繁多等，教师分身乏术。尤其在当前课程改革的过程中，项目课程已逐步进入一个开放成熟的状态，但教学仍然处于一个相对初级的阶段，教师需要花费大量精力去思考和设计教学课程。长此以往，实训基地的设备资源得不到长期有限跟踪管理，仪器设备往往只用不养，损坏率比较高，不仅加大了仪器设备成本的投入，还给教学培训带来很大的影响。

二、其他国家高职院校实训基地建设现状

国家经济的发展很大程度上依赖技术人才的培养，而今各国普遍注重职业技术教育进步，通过职业技术教育质量的提高为本国培养出合格的技能型应用人才。各国政府与企业都大力支持职业技术教育的发展，为实训基地的建设与发展创造了良好的环境。德国"双元制"是一种基于校企合作模式的办学制度，是德国经济繁荣的利器，职业院校与以企业为主的校外实训场所共同承担着学生的职业技能培训。在德国，实训基地得到了《职业教育法》的支持，联邦政府对其负责管理，由相关行业协会进行资格审定或惩罚，由企业工会组织参与并监督，为实训基地建设提供了组织保障。此外，联邦政府为设有实训基地的企业提供经费补助、税收减免等优惠政策，提高了企业参与实训教学的积极性，给予学徒的实习津贴使企业的生产成本缩减。联邦政府的支持、完善的组织体系以及制度保障提高了德国实训基地的建设质量。美国高速腾飞的经济和极少闲置的人力资源同样离不开职业技术教育的发展。

美国职业教育的发展得到了美国政府的大力支持，迄今为止，美国已颁布了150多个有关职业教育的法案，如此，美国的职业教育在法律上得

到了认可与保障。美国向设有实训基地的企业提供经济上的支持，这些企业还享有优惠的财政政策，这些都鼓励企业参与校企合作，与高职院校共同建设高装备实训基地。社区教育作为现代美国主要的职业教育模式，也极大地促进了美国职业教育的发展。

注重能力本位的TAFE是澳大利亚主要的人力资本培养模式，职业能力测试是设立职业教育课程的主要标准，可以通过实训场所提高学生的职业能力。澳大利亚的实训基地有完善的设备，规范的管理，得到了社会各界的合力支持。参与TAFE的实践课程教师都是有三年以上经验的拥有四级职业证书的高技术人员。

国内外对高职院校实训基地建设的探讨已形成一定理论和实践做法，对深入研究本课题具有一定的启发。但目前我国高职教育在运行过程中，还面临着许多新形势和新问题，尤其是在职业教育进行课程改革背景下，实训教学发展还不够成熟，在建设过程中，相关利益者也未对其进行合理的系统布局。这要求我们汲取国内外的现有经验，提倡创新和开拓，探索适应我国经济发展需要的实训基地建设新思路。

（一）德国实训基地的概况与特点

在德国，双元制是实践训练中比较普遍的一种模式。这种模式特点是高职院校和企业单位等为了共同的培养专业人才的目标，共同承担实践训练的责任。双元制有其鲜明特点，它要求受训人员参与两种培训，一个是在职业院校中，另一个则是在校外。参训人员在职业学校中学习基础理论知识，理论知识主要是和专业相关的基础知识；校外实训场所以大中型企业和公共事业单位为主，培训人员主要是接受和专业技能相关的培训。

德国实训基地的特点是：第一，有完善的法律体系。职业教育法律体系完备，包括教育法、劳动法和经济法等。第二，企业和学校之间的利益密切相连。企业积极参与到职业教育中来，更加有利于学生的发展和高校的进步。同时，学校和企业制定较有约束力的相关制度和政策，对学校和企业自身来说会严格参照共同的准则去实施，培养学生。第三，双系统模式对学生进行全面培养，即结合学校的专业知识理论培训和外部培训课程、实训课程，使人才培养多样化。这样，学生的专业技能就能适应社会的发展，适应社会对复合型人才的需求。第四，德国双元制教育会从国家层面开发课程，更有针对性，促使自主实行某些课程，因此实训教育的管理及运行比较具有实施力。第五，双元制教育可促进企业和学校之间的合作，降低成本。要使学校培养出来的全面型人才满足社会中企业的需要，而企业又在人才紧缺时有人才可用，加强两者之间的合作是最好的办法。

（二）澳大利亚实训基地的概况与特点

TAFE 是澳大利亚比较常见的教学体系，是在澳大利亚政府的引领下成立的继续教育体系。这种教育体系比较全面且具有针对性，并在一定程度上解决学生的就业问题。TAFE 教育特色显著，目的直观明确，为各行各业培养优秀人才。澳大利亚的技术与教育学院根据办学需求及特色，建立了多所专科学院，在校学生和老师较多，高职学生几乎遍布澳大利亚的各个地方。TAFE 学院有多种职业教育和培训形式，以扩大学生的知识面，提高他们的劳动技能。这些课程比较有针对性，其根据工业集团的需求，与时俱进地设定相关的专业知识，使学生得到最全面的实践锻炼。TAFE 获得的文凭资料在澳大利亚国内是被认可的，学生在学校获得的专业文凭在澳大利亚国内各个学校也被肯定。如果学生得到上述文凭，那么这些学生在攻读大学学位时可以获得相应的学分。

TAFE 学院对入学学生的年龄范围没有特定的要求，因为澳大利亚比较注重学习和教育，在学院中可以发现有不同年龄阶层的学生，他们提倡"活到老，学到老"。只要肯付出和努力学习，该学院随时欢迎且提供很多机会。澳大利亚对一些特定的岗位，如对技能要求高的岗位要求很高，其规定了从业者必须要参加 TAFE 学院培训，并获得 TAFE 证书才能就业，即使是学士学位或研究生毕业，或更高的学位。在澳大利亚，每个行业都有相应的规范和标准，职员不能局限于掌握本行业的知识。任职者需要对国家的呼吁给予积极反应，并根据行业的要求和标准定期参加各种培训活动，以增加职业技能和提高能力，实时掌握该行业的发展行情和未来发展方向，在提升自身发展的同时推动整个国家的进步。可以看出澳大利亚比较注重职业教育，且将其放在重要位置。

（三）美国实训基地的概况与特点

美国的职业教育开始于 17 世纪，起步较早。美国当时被英国殖民者统治，所以有些制度按照英国的制度执行，因此美国逐渐出现学徒制度，由英国对学徒进行相关的制度规定，这些制度规定了学徒的学习年限，监督并督促学徒对技术的学习。随着时间的推延，大概到 19 世纪的时候，随着美国社会的逐步发展，出现了产业革命，即多数家庭手工小生产逐渐被工厂型大生产所取代。根据当时美国社会的需求和发展，学徒制度最终慢慢解散。通过多年的发展，美国已经完全脱离了英国教育模式的阴影，逐渐形成了适合自己国家的特色教育制度，相应的法律法规也不断得到完善。

在美国，职业教育注重针对性和时效性。他们在进行职业教育前会做好充分的教学计划和安排好合适的教学内容，如在教学内容上，采用多种模式结合的方式，如采用现场教学的方式，提高老师和学生的互动性；采用事物教学的方式,提高教学的生动性;采用模拟训练的方式,增加学生的实践性等。美国的教育比较贴近社会及市场的需求,他们会根据市场的要求制定学校学生的培训体系、培训方法和培训内容等。他们对于人才的选拔机制非常苛刻,通常是培训—实践—考核—晋升,四步一体。这些考核不仅包含技术上的应用,同时对于技术上的创新也有一系列要求。经过实践培训后工作能力得到提高,考核通过后职位晋升是很自然的结果。

同时,高水平、中水平和低水平的三级技术工人和管理人员,工资差别也很大。为了提高收入,职工大都会自发参与一些新的技能和业务培训来提高技术能力和管理水平。在美国,学生对于职业技术课程的接触都比较早。

一般情况下,在普通中学都开设有职业技术课程,学生在中学阶段就开始接触基础的职业技术课程,为职业基础知识和基本技能的学习做充分的铺垫,以培养他们初步的专业技能。美国政府在相关的法律法规中明确指出,青年在就业之前必须要经过专业的职业教育,也就是说职业教育是一些专业人才就业的必经之路。人才入职后可以根据自身的需求参加职业教育,以提升自身的职业技术,为日后在公司的发展及晋升打下牢固的基础。

在美国,对老师入校执教的要求非常高,即无论普通大学、高等职业技术学校或者是成人自考等各种类型的学校,入学执教的老师必须具备大学本科或者更高的学历。对于职教老师,相关的考核标准也相当严格,他们的教师资格证书不是终身制,而是每隔一定的时间重新参加一次教师资格证的考试,从而获得任教合格证书。当老师执教时,如果由于不负责任或者执教能力差等原因对学生的学习产生一定的影响,那么这个老师就会面临被解聘的命运。调查表明，美国教师的地位和收入比其他大多数国家高，其收入在所有职业评比中排名也是相对靠前的，能排到前五名。

第三节 高职院校实训基地建设的若干要素

一、实训基地建设的价值

（一）实训基地建设是一种价值活动

价值涉及价值主体、客体以及主客体之间的关系，是客体属性与主体需要在人的社会实践活动中的统一，因此价值包括主体需要、客体属性以及在社会实践中主体与客体彼此间的作用关系。我们之所以将实训基地建设的价值问题作为高职院校实训基地建设的第一个问题来予以论述，是因为从本质意义上讲我们人类所有的重大或重要实践活动都属于价值活动，这是由人类活动的本质所决定的。人的活动的最突出特点是其主观能动性，就是人类在活动开始之前就已经考虑活动的目标、过程和结果了，而这种能动性在价值学的视域中就是价值性。实训基地的价值包括作为客体的实训基地、相应的主体以及它们之间的利害关系。毫无疑问，高职院校实训基地是有价值的，而高职院校实训基地建设就是一种价值活动。在实训基地建设之初，就必须考虑到实训基地的建设目标问题。

（二）实训基地的价值目标

我们要明确实训基地建设价值目标的含义。价值目标就是人类经过思索后决定去追寻的目标，这一目标是人生价值观的核心，意义巨大。实训基地价值目标指的是实训基地追求的、满足建设主体需要的、对社会及社会成员有重要意义的目标。实训基地的价值目标与实训基地建设能够长久稳定发展密切关联，对建设主体的行为具有导向作用。

实训基地建设的价值目标呈现多样化特征。对高职院校来说，实训基地不可或缺。由于高职院校的专业种类各异，基地建设的方向、作用与途径也各有特色，因此，建什么专业实训基地、什么类型的实训基地、与谁来建实训基地、实训基地位置选择、实训基地的可持续发展，等等，诸如此类的问题，统统属于实训基地建设的价值目标问题。在此，我们重点讨论的是实训基地建设的核心价值目标，即培养学生的实习实训能力。这个核心价值目标是在实训基地作为价值客体满足政府、高职院校与行业企业等不同价值主体的人才培养需要的过程中产生的。那么，培养学生的实习实训能力为什么是实训基地建设的核心价值目标？众所周知，在高科技时代，高职院校承担着培养技术型人才的重任，而且培养必须具有专业性、实践性与时代性。对企业而言，产品的研发、服务的提升影响着企业的市场竞争力与企业效益，而负责产品研发与服务提升的"人力资本"是关键要素。企业要提高员工素质，除了培训在岗职员外，也要吸收能才，通过实训基地培养出适合企业发展的储备军。对政府而言，政府是社会主义市场经济的宏观调控手段，尤其是在转型期社会，政府要整合市场资源，通过实训基地培养适合经济发展的技术型人才并优化配置人力资源，适应产业结构的调整。由此看来，人才素质是需要高职院校、企业与政府共同关注的核心要素，实训基地培养学生的实习实训能力是实训基地建设的核心价值目标，这一核心价值目标也符合新课程改革要求下"以人为本"的理念。

（三）实训基地的价值生成

在高职院校实训基地建设过程中，我们应该把其看作一个运行着的系统。实训基地建设的过程本身就是一个价值生成的过程，因为在此过程中，一个满足实习实训等功能的物质实体在形成之中，换句话说就是在实训基地建设的过程中，实训基地作为客体通过多种渠道满足建设主体的需要。

另外，在实训基地建成后，其实仍然处于一个后续的建设过程之中，这里既有实训基地在建成投入运行之后，将会面临的设备的维修保养、升级、更新、功能改造等问题，还有实训基地的制度建设、文化建设等问题。辩证地来看，实训基地建设应该是一个持续的阶段，同时也是运行着的系统，在这一运行的过程中价值在不断生成。在此，我们讨论高职院校实训基地建设价值生成的原因。实训基地的价值生成是在实训基地运行过程中实现的，可以通过满足学生实习实训来实现，也可以通过生产和对外有偿服务来实现。其实，作为一个连续运行过程系统的实训基地建设在实训基地建成之前的过程中，其价值就处于生成过程之中（在实训基地形成的意义上）。实践证明，只有考虑到并且处理好实训基地建设中的价值生成，才能确保实训基地运转的良性循环和长期稳定发展。这样的实训基地建设才是我们所期望的，也正是我们的价值期待和价值归宿。在此我们对实训基地价值生成的过程与动力进行分析，以期对实训基地的价值生成有更加清晰的逻辑认识，并以此为基础探寻出价值生成的有效途径。

实训基地价值生成的过程是实训基地建设中的"主体客体化"与"客体主体化"过程。一方面，在实训基地建设中，高职院校、政府与各企业各行业等建设者是价值主体，实训基地是价值客体。各方建设主体通过实践活动对实训基地进行改造利用，使实训基地具备了满足建设主体需要的属性，这就实现了实训基地对于建设主体的客体价值。实训基地的价值是高职院校、政府与各行各业等建设主体赋予的，是被动的，不会主动满足建设主体的需要。实际上，在创造客体价值时，建设主体在自身的实践活动中，把其实践活动的能力转化并运用在实训基地这一客体中，从而使客体具备了相关的属性，满足了主体的需求。

由此可见，理解建设主体凝聚在实训基地建设中的实践活动能力比理解实训基地客体更有价值。因此，建设主体的实践活动也可以作为价值客体来满足其自身的需要，我们可以称这种价值生成过程为实训基地主体客体化的过程。另一方面，实训基地这一客体属性以建设主体的需要为依据，这个过程便是客体主体化过程。主体客体化与客体主体化相互结合共同生成了实训基地的价值。主体的内在动力是其客观需要，需要是主题实践活动的出发点与落脚点。在实训基地建设过程中，如果没有建设主体的需要，也就没有改造利用实训基地的任何实践活动机会，实训基地建设主体自身的价值便无法实现，主体客体化也便无从谈起。同时，如果没有实践主体的需要，实训基地也就无法发挥其内在的功能、属性。实训基地建设主体的需要是实训基地满足"意识"产生的前提条件。因此，建设主体的"需要"是实训基地建设的驱动力，是价值生成的决定环节。实训基地的"满足"也是价值生成的必要环节。

（四）实训基地的价值完善

在高职院校实训基地建设中，我们还应考虑另一个价值问题，那就是价值的完善。在这里，实训基地建设的价值完善主要是指实训基地潜在价值的进一步发掘与实现。实训基地作为价值客体，其内在的功能与属性是无穷的，又因为"需要"是"满足"的前提，这就要求我们探究出实训基地建设主体更多的"需要",以此来激发实训基地的"满足"动力。

从现有的研究看,对实训基地建设的价值研究大多数是明朗化的教学价值、培养价值以及实践价值等,潜在的很多价值还需要进一步的发掘,如实训基地的文化价值。实训基地的文化价值是指实训基地的文化属性与建设主体的文化需求在实训基地建设活动中的统一。实训基地文化价值的充分发掘与实现对实训基地的建设有充分的导向作用,有利于实训基地建设的健康稳定发展。实训基地文化规范着高职院校、政府与各行各业等利益相关者的行为,促使它们积极参与到实训基地的建设中。

实训基地文化给学生提供了良好的实训氛围,为他们提高实践动手能力营造了文化环境,促进了实训教学的顺利进行。学术界有些研究已经从文化的视角探讨实训基地的价值,然而,实训基地的文化价值也只是冰山一角,实训基地还有大量潜在的价值亟待发掘。

二、实训基地建设的类型

实训基地提高学生实习实训能力这一核心价值目标的实现,依赖于合理的实训基地建设类型。深入探究这一基本问题,要根据现实情况与21世纪社会经济的发展,完善各种实训基地模式,使之适合市场需求并有完整的实践教学体系,解决实训资金与资源紧缺或浪费的问题,使实训教学的质量得到提高。因此,实训基地建设的类型问题直接关系到实训基地建设价值发挥的广度与深度,还关系到实训基地建设的可持续发展。

(一)实训基地的类型划分概述

在我国,现有的实训基地类型划分十分混乱,非科学性的划分比较普遍。有的根据职业院校是独立建设还是联合企业或政府建设,把实训基地类型分为学校自建实训基地、校企共建实训基地以及政校公共实训基地；有的以实训基地所建的位置为标准，把实训基地分为校内实训基地与校外实训基地；还有的以学校、企业、政府不同的建设主体为标准，把实训基地分为院校型实训基地、企业型实训基地以及政府型实训基地。仁者见仁，智者见智，虽然这些划分都有其道理，但无论从逻辑学划分的原则考虑，还是根据划分的科学性标准，上述划分都存在众多、难以克服的问题。目前，我国几乎每一所高职院校实训基地或多或少都会涉及学校、企业与政府三方建设主体，而非单纯地由某一主体来建设，我国现有的很多实训基地类型划分都存在着交叉的尴尬与矛盾之处。最为合适的划分是以高职院校实训基地的功能作为标准，分别是教学型实训基地、生产型实训基地以及教学生产型实训基地。同时本节把这四种实训基地类型置于校内与校外来研究分析，并对我国某省的实训基地类型进行了调查分析。

我国某省高职院校校内、校外实训基地中四种类型所占比例

	教学型	生产型	教学生产型	生产教学型
校内实训基地	85.7%	32.1%	50%	42.9%
校外实训基地	17.9%	78.6%	25%	50%

（二）教学型实训基地

教学型实训基地，指的是实训基地以实训教学为主，不涉及生产和对外有偿服务。这种实训基地以完成实训教学为首要任务，在提升学生专业实践能力的同时也提高了教师的教学能力。该种模式下的实训教学主要在仿真的实训基地中展开。例如，辽宁金融职业学院金融系建立了模拟银行、金融和证券等实训室，对高职学生进行仿真训练。

根据上表的数据分析，我国高职院校拥有校内教学型实训基地的比例

达到85.7%，说明我国现有的实训基地中校内教学型实训基地颇具规模，因此我们重点分析校内教学型实训基地。首先，校内实训基地主要以教学型为主，是由我国高职院校本身所具有的教育性质所影响的，是由职业技术教育价值的本质所决定的。职业教育的价值目标之一是提升个人的职业化水平，因此高职教育目标之一是为了开展教学活动，丰富学生的知识体系，改善学生的专业实践现状，教学型的实训基地类型自然也成为高职院校主要选择的建设模式。其次，在校内实训基地中，教学型模式有利于促进专业的建设，适应职业发展的需求。在高职院校内建设教学型实训基地可以一定程度上改革该校的专业课程体系，课程设置改变了纯理论课程的局面，开发了适合市场需求的课程；教学计划增加了实习实训活动安排；同时把改善学生的专业实践能力作为教学的关键目标之一与教学的考核标准之一。

校内教学型实训基地模式下的教学改革提高了高职院校的教学质量，培养出的学生逐渐有了实践理念。再次，教学型的实训基地提高了教师的实践教学意识，为"双师型"师资力量的培养提供了契机。教学型实训基地的建立使学校的专业教师意识到仅有理论知识是远远不够的，必须掌握更多的实践技能，这就促进了专业实训课教师努力到生产一线去观察实践真实场所，学习掌握产品和服务的生产能力，甚至亲自体验实践操作过程。最后，教学型实训基地模式某种意义上提高了学生的职业能力。学生融入教学型实训基地中，按照行业企业的需求进行模拟实战或仿真实训。虽然无法彻底解决学生只学不做的局面，但在基地氛围的熏陶下，学生的实践能力取得了提高。

（三）教学生产型实训基地

校内教学型实训基地若要实现可持续发展，途径之一是要有"自我造血"功能，在完成教学目标的前提下进行产品与服务的生产与开发。教学生产型实训基地是改变教学型实训基地单纯"输血"、资金短缺的一种有效模式。教学生产型实训基地是指在职业院校完成实训教学任务的基础上，面向社会进行生产与开展服务。例如，温州职业技术学院康泰产学中心采用的"筑巢引凤"模式是教学生产型实训基地的典范，该模式下的高职院校校内拥有相对先进的实训设备，但缺乏掌握高技术的实训教师，同时出于对成本的考虑，高职院校主动选择与企业合作，引进师资力量与资金。这种实训基地模式既完成了对学生的教学任务，同时还进行了一定的生产与服务。

上表的数据分析显示，高职院校中拥有校内教学生产型实训基地所占的比例是50%，因此本部分对校内教学生产型实训基地展开分析研究。一方面，与校内单纯教学型实训基地相比，校内教学生产型实训基地有着类似的特点，这种实训基地模式的教学性同样是由职业教育价值的本质所决定的，并且有助于专业的建设、教师教学水平的提升以及学生职业能力的提高。此外，根据校内教学生产型实训基地的定义，可以得知，这种实训基地类型的生产性在于其可以进行产品的开发和有偿的服务。另一方面，校内教学生产型实训基地虽然有一定的生产性，但校企结合共建实训基地的实现度不高。大部分校内教学生产型实训基地依赖于高职院校建立，而学校在建立实训基地时，来自政府拨款的经费投入是其主要经济保障，此外便稍显孤立无援，没有企业在投资、实训设施与设备等方面的支持。实训专业课程的设置实用性不高，技术含量不高，时代性不强，与企业的职业需求相差甚远，针对性不强。同时企业也无法提供一线的实践专业人员作为院校自建实训基地的师资力量，高职院校内的专业课教师只是凭借已有的陈旧的理论知识来进行实践教学，先进的企业理念与高端的生产技术无法应用于实训基地中。由此可见，企业参与的缺失导致了校内教学生产型实训基地生产性的不全面性、落后性，实践效果受到了影响。

（四）生产型实训基地

生产型实训基地指的是实训基地要承担起对外生产与服务的任务。这种模式反映出这种实训基地的盈利性以及其与市场的紧密相关性。例如，广东省理工职业学院与广州秦仪企业管理咨询服务有限公司合作，建立了校外生产型实训基地。根据上表数据分析，可以看出生产型实训基地主要在校外建设，高职院校中拥有校外生产型实训基地的比例达到78.6%，因此这里对生产型实训基地的分析局限于校外。校外生产型实训基地有以下特点：首先，校企合作是校外生产型实训基地的主要实现形式。企业具有最先进的设施设备，掌握高端的技术，拥有掌握高级技术的专业实践人员，它能为学生提供真实的工作岗位与体验，有助于形成学生的职业素养，成为真正的"职业人"。将校外实训基地建在企业，几乎成为大部分高职院校校外实训基地建设的选择，可见校外生产型实训基地大多也是校企合作的结果。其次，校外生产型实训基地分为"协作型"与"合作型"。"协作型"模式主要是指高职院校教师与企业的协作教学模式。我国许多高职院校的教学方式主要是"填鸭式"的，专业理论知识大多枯燥抽象，学生的学习兴趣不是很高，这就使得高职院校的授课教师应该和企业展开合作，汲取企业文化，增加实践经验，使课堂教学环境活跃有趣。长久的联系构成了双方信任的基础，由此便产生了"协作型"校外实训基地建设模式。"合作型"

模式主要是指校企之间的合作教学模式。为了提高学生的实践动手能力，学校必须以市场为导向，以校企合作为基础，共建生产型实训基地。最后，根据高职院校与企业合作关系的深浅，可以把校外生产型实训基地建设分为两种。一种是高职院校与企业浅层面的合作。在这种合作中，高职院校将企业作为学生实训场所，仅仅是偶然的短暂的合作。一般情况下，这种企业是一些中小型的劳动密集型企业，生产或服务工作所需的技术含量不高，只是希望通过高职院校获得廉价的劳动力，对学员是否掌握先进的技术要求不高。高职院校给予这些企业一定的经济收益来安排学生在企业进行实训。这种实训基地模式，对于企业的长期发展没有技术性支持，对于高职院校实训基地的核心价值——教育价值实现不明显，双方的合作临时性比较强。这种实训基地不稳固，效果不显著。另一种是在实训基地建设中高职院校与企业深层面合作。这种实训基地模式中，学校和企业有着共同的利益诉求点，学校希望通过基地培养高技术应用型人才，实现教育价值，企业希望通过实训基地为其培养、储备、输送优秀人才，参与到产品的研究开发中。这种模式下，企业与学校共同制订教学计划、安排教学活动、组织实践操作、进行定期考核。此外，企业还为学校提供掌握先进技术的老员工。与此同时，通过人才选送、技能培训、产品研发、技术创新等方式，高职院校在推动企业发展中发挥着越来越重要的作用，企业也充分利用高职院校的产学研优势获得了更多的实惠。学校与企业深层面的合作下建设的基地长久稳定，受益性颇大。

（五）生产教学型实训基地建设

生产教学型实训基地主要面向社会进行生产与服务，在此基础上满足学校的教学任务。上表数据显示高职院校中拥有校外生产教学型实训基地的比例是50%，虽然比校内生产教学型实训基地比例高，但比例仍然偏低，尤其是其教学性功能发挥得不够充分。这种校外生产教学型实训基地主要是为了满足生产与对外服务，同时也要完成实习实训教学任务，自然比校外生产型实训基地有进步，但仍稍显不足。

首先，校外生产教学型实训基地实训场所仍然难以满足先进的实训条件。校企合作下企业提供的实训场所是学生实践能力的训练基地，实训条件的先进程度直接会影响到学生实践能力的质量。企业提供的校外实训场所无法满足学生实训所需的实训条件，主要体现在两个方面：第一，实训场所的选择没有考虑到我国企业发展的不平衡性，我国企业的发展存在区域性差异，沿海地区企业一般比内陆地区的企业发达，大城市的企业总体上优于小城市的企业。实训基地的建设要求企业提供的实训场所具有先进性、优越性，然而目前我国许多校企合作下建立的实训基地只考虑到专业的一致性，未充分考虑到实训条件是否符合先进性原则。第二，企业提供的训练场所大多数是技术含量低的岗位，企业借此机会不仅能够获得廉价的劳动力，还避免了把高技术含量的生产活动交给并无熟练经验的学生。企业根本上不会以牺牲自身利益为代价，即使这种情况不是绝对的。

其次，有些企业无法真正提供在企业一线掌握先进技术的人员。校企合作中的高职学校注重理论的讲授，企业聚焦实践技能的传授，校企合作中无法充分发挥学校与企业各自的功能与作用。实践技能的传授是企业中具有丰富经验的高技术人员的主要职责，然而企业中的高级技术人员主要致力于企业自身的发展与管理，实训基地中传授学生实践技能的技术人员主要集中于技术含量低的技术人员，他们对提高学生所需的实践技能并无实质性的帮助。此外，校企合作下的学生与企业并无稳定的雇佣关系，因此企业出于自身利益的考虑，不愿意把企业中的关键技术传授给一个非正式员工。

上述分类是从高职院校实训基地功能的角度出发，对我国现有的实训基地建设模式做出了相关研究。四种形式并存，不同的高职院校应根据自己院校的特点选择相应的基地建设模式。

三、实训基地建设的软硬件资源

实训基地建设的"软硬件"问题研究和分析有助于探究出实训基地建设的有效途径，实现实训基地建设的价值目标，探索出建设实训基地的合理措施。笔者认为实训基地建设文件（包括实训基地制度与实训基地课程）、实训师资培养以及实训基地文化是实训基地建设非常关键的"软件"资源问题，实验实训室以及相应的实训设备是实训基地建设的"硬件"资源问题。

（一）实训基地制度

广义的"文件"指的是关于公文书信、政策、理论等多方面的文章。高职院校实训基地建设的文件包括实训基地制度与实训基地课程。实训基地文件问题的解决有助于从政策制度与课程角度分析我国高职院校实训基地建设的现状，从而为基地制度的创新与基地课程的改革奠定理论基础。

实训基地制度是指在实训基地建设中涉及的行为准则与规范。高职实训基地制度是多种制度的集合概念，由决策制度、管理制度等组成。高职院校实训基地的决策制度是政府、高职院校与各行各业等相关建设主体互相博弈的结果。实训基地制度由政府主导制定，高职院校负责执行，并有行业企业的参与，因此实训基地的决策制度体现了不同利益相关者的利益诉求。政府制定实训基地制度的出发点是通过实训基地这一平台实现高职教育的健康持久发展，促进产业结构的优化调整，推动社会经济的发展。政府在制定相关制度时以高职院校与行业企业的利益均衡为出发点，使得制度对不同利益主体的规范效益最大化。高职院校承担着执行实训基地制度的责任，是政府委托的代理人。

同时，高职院校通过制度赋予的权利采取多种筹资方式，弥补资金缺陷。实训基地制度通过一定财政制度鼓励行业企业加入实训基地建设的队伍中。可见，实训基地制度的制定与多方利益相关者的利益诉求息息相关，制度的创新发展也是不同利益相关者在实训基地资源分配中博弈的结果。实训基地决策制度的执行很大程度上影响了高职院校实训基地建设的质量水平。如果制度不合理，将会严重影响我国高职院校实训基地建设中的实践教学质量。例如，自从2010年"国家示范性高等职业院校建设计划"实施以来，我国各级政府对多数骨干院校实训基地进行了大力度的财政扶持，非骨干院校却没有类似的制度扶持，在实训设备、师资力量与资金分配方面长期都处于弱势地位，这导致了非骨干院校与骨干院校在实训基地建设方面的差异日益拉大。实训基地建设的不均衡性不利于高职教育的整体发展。高职院校实训基地的管理制度不合理也影响实训质量的提高。

有的学校的实训基地实行由学校统一管理的制度，虽然这种管理制度是在学校的统一管理下进行的，有利于资源的整合利用，实现资源共享，但学校统一管理的针对性不强，不符合实训基地专业性的特点，实训设备的使用率可能不高；还有一种是各个院系分别管理，这种管理可以弥补学校统一管理的不足，专业性比较强，但由于是各院系分别管理，在建设实训基地时没有考虑到从学校的整体状况出发，有时候会造成设备的重复建设。院校之间合作缺乏便会导致资源只局限于院系内部使用，利用率低，造成资源的浪费。

实训基地课程教学是高职院校课程教学中的关键环节，是学生理论知识与专业实践知识联系的桥梁与纽带，是影响实训基地建设的要素之一。我国目前的实训基地课程问题重重、不容乐观。

首先，从课堂教学角度分析实训基地课程建设，"能力本位"与实训教学活动实现得不充分。新课程改革对我国的高职教育有一定的贡献，但还只是停留在理念的层面，实施的效果还不是很明显。新课程课堂教学要求以学生为核心，强调"能力本位"与素质教育；对传统课堂教学的评价方式要进行改革，"以学论教"，判断课堂教学质量的优劣要以学生的课堂表现为主。然而"能力本位"与"以学论教"等理念并没有贯穿深入到高职实训课程中。在高职院校实训基地中，实训教师依然采用"填鸭式"传授理论知识的授课方式，虽然增加了实训实习课程计划，课程安排在实验实训室，但更多时候是老师在演示，学生在看，学生无法提高动手能力和实践能力。

其次，从实训教材角度分析实训基地课程建设。我国高等职业教育实训教材很多是参考其他同类专业或者其他学校的教材，根本不符合本学校的生源情况与实训实习情况。而且很多出版机构为了眼前的市场效益，编出各式各样、质量不高的实训教材。另外，实训教材的编写时间缓慢，一般要1~2年，然而有些学科发展迅速，教材的编写就显得滞后，等到教材编好了就变成旧教材了，这样的实验实训教材无法满足教学的需求。

最后，从实训课程评价分析实训基地课程建设。课程评价是通过一系列的标准对课程的功能作用展开衡量的活动。实训课程评价包含对教学内容、教学手段、教学方式以及教学结果等的评价。我国实训课程的评价是近年来才出现的，历史比较短，还没有系统合理的课程评价体系。许多高职院校用普通教育的课程评价标准来衡量实训课程的开发、实施与结果，这是不合理、不科学的。普通教育以培养理论型人才为主要目标，而高等职业教育重在培养技术人才，因此实训基地的课程评价体系应体现出独有的实践特点。另外，课程评价体系的完善还有利于改革不符合企业、市场需求的课程内容，从而形成"以评促改"的合理评价体系。

（二）实训师资培养

高职院校的主要任务是培养掌握高端技术的人才，实训室是集教学、管理、生产与服务于一体的场所。实训师资队伍建设在培养学生的实践操作能力方面起着至关重要的作用。在实训基地建设中，"人"是制约实训基地教学的关键环节，师资水平与实训教学水平密切相关。然而，我国目前的实训师资建设状况不容乐观，如下几个问题需要引起高职院校的关注：

首先，缺乏专业实训型教师。高等职业教育以输出适应市场需求的人才为主要任务，教学任务的专业性与实践性非常强，在全部现有的课程中，实训课程所占比例较大，学校对其高度重视，这就要求有大批的专业实训教师进行学生的实践能力培养。然而现实中专业实训教师在师资总量中只占有少数，甚至有些理论课教师来承担实训教师的教学任务。伴随就读高职院校的学生与日俱增，实训教师数量却与学生数量相差甚远。专业实训教师数量的不足导致了他们的工作量大、任务繁重，没有时间去顾及自身教科研能力的提高。

其次，专业实训教师素质不高，"双师型"教师缺乏。"双师型"教师指的是在职业教育这一领域中,不仅可以像普通教师一样讲授知识,进行思想教育,还可以像企业中掌握高端技术的技术人员一样传授学生实践技能,两个身份紧密结合,具备的知识与能力同时运用到实际教学中去。

"双师型"教师适应实训基地专业理论知识教学与实践操作教学相结合的需要,是一种复合型人才。高职院校从诞生起,人才培养方式就是以"实用型""技能型"为主,因此,"双师型"的教师需求极大。但是,具有"双师型"素质的教师在数量上不仅无法满足实际所需,在质量上也不乐观。

调查发现,2009年我国东、中、西部骨干高职建设院校"双师"素质教师比分别为55.8%、48.3%、47.3%,"双师"素质教师比和教育部要求的80%以上的目标之间差距甚远。目前我国大多数高职院校的实训教师多为有实践经验的技术人员,他们有较强的实际操作能力,但缺少系统科学的专业理论知识。或者是刚毕业的年轻教师,他们基础理论知识较为扎实,但缺乏实际的工作经验,无法培养出动手能力强的应用型人才。实训基地中要求的"双师型"人才极度缺乏,导致了实训基地教学质量并不高。

(三)实训基地文化

实训基地文化是在基地建设的过程中产生的,同时又制约实训基地建设。优秀的实训基地文化对整个职业教育的发展有着关键性的引领与支撑作用。从某种含义上说,文化就是人化,文化是人类生产实践活动的产物,有人生存的地方就有文化,反过来,文化又制约着人类的行为。

广义的文化是从人们的实践活动中获得的,具有物质的、精神的以及制度的特性。实训基地文化是在校企合作的过程中形成的,在这一过程中,实训教师、学生与企业人员在实训基地平台上进行一系列实践活动,并对彼此的文化进行选择性吸收后形成实训基地文化。这种文化表现为在实训基地中被利益相关者所普遍认可并接受的获得性的价值观、信仰、知识、技术、技能和思维方式等。实训基地文化属于高职院校文化，是其重要的一部分。实训基地文化包括实训基地的物质文化与实训基地的精神文化。

  物质文化指的是包括实训场所、实训设备等在内的物质生活资料。实训物质文化是社会技术进步的外在标志，与现代科技文明紧密相关。高职院校对硬件设施的建设实际上是对物质文化的吸纳，使之成为校园物质文化的一部分；精神文化包括实训理念、实训制度、人文意识等。实训基地建设过程中，新的精神文化意识融入校园文化中，例如，企业文化的引入使教学内容更加丰富，教学手段更加合理，教学效果也得到了提升。实训基地文化促进校企合作能够高效展开。

  实训基地文化是伴随着实训基地建设中校企合作的现象发生的，对高职院校和各行各业都有一定程度的积极影响，这种文化可以促进校企更长久的交流合作。高职院校承担着传授学生理论知识与专业技能以及提高学生文化素质的重任，实训基地是高职院校完成这些任务的重要载体，高等职业院校本身作为一个文化机构有其自身的文化底蕴，要形成特有的实训基地文化，让高职学生毕业后进入企业能够快速地融入企业文化中，在企业文化管理下有效展开工作。

（四）实训基地硬件设施建设

  实验实训室利用率低、重复建设的问题比较普遍。在很多高职院校实训基地中，一些建设主体不能着眼于全局，只考虑局部利益。有的实训实习在普通的教学课堂就能完成，但有些学校却为其建设了专门的实训场所，造成了资源的浪费。有的高职院校实训室中配备了一些过于高端的实训设备，学生甚至是实训教师因为操作能力有限，无法使用那些设备，这些设备成为学校的展览品,成为高职院校的"形象工程"。而对于那些性质类似或者可以共用一个实训场所的专业,学院之间可以达成协议,进行两个或两个以上的专业实训场所合并建设,避免重复建设,提高实训场所的利用率。

实验实训建设落后。高职院校扩招规模加大,也设置了许多新型专业,再加上一些专业的发展速度快,很多设备出现了老化、配套不全的情况,无法满足实训基地建设的要求,已经满足不了实验实训需要,影响高职院校的实践教学水平。

管理体系不健全。健全完整的实训硬件设备管理体系是实训基地建设质量的保证。目前的管理体系存在单一化问题,涉及的管理范围局限,只有通过实训基地建设者共同参与的完整的管理体系,实训设备资源才能得到合理有效的利用。管理的分工不明确,也没有统一的管理机构,不能统一调配实验实训设备以及实训场地等,实训基地应有的经济效益也无法发挥出来。管理体系不健全加剧了实训设备的浪费。比如,有些实验实训室及实训设备出现问题时,有些高职院校忽视了对其保养,使得设备问题愈演愈烈,严重影响了实践教学质量。

实训设备的档案管理不合理。首先,高职院校不关注实训设备的相关档案管理程序,有的学校甚至没有档案管理程序,或者没有安排专门的档案专管人员,他们不具备专业的档案管理知识,不懂得专业的档案管理方法。其次,管理人员对实训设备的管理方式落后,现代信息技术没有合理应用到管理工作中。这些档案管理不足导致了实训设备的管理工作无法顺利进行,进而严重制约了高职院校高科技人才的培养进程。

第四节 实训基地对"双师型"教师团队建设的赋能

关于实训基地建设价值、类型以及"软硬件"资源的探讨有助于帮助我们认清实训基地建设最关键的几个基本问题，也有助于我们发现不足及时寻求解决思路。本节将会对这几项基本问题已有或可能出现的缺点进行针对性的解决，或者以前文中对基本问题的研究为启示，探寻出实训基地建设的合理策略。

一、实训基地建设的价值生成助力"双师型"教师团队建设

建立价值平衡机制是价值生成的制度保障。在实训基地建设过程中，各建设主体的价值取向也不一致。实训基地建设中会出现不同的价值取向是因为各建设主体面对或处理合作中的各种矛盾时表现出不一样的价值诉求与倾向。之所以会有不同的价值取向，是因为在实训基地建设过程中，建设主体的环境因素不同，合作立场不同，利益目标不同，这些都造成了建设主体的矛盾冲突，形成了不同的价值取向。换句话说，实训基地是拥有不同价值取向的主体之间合作的产物，实训基地采用何种模式以及如何运作是利益相关者相互作用的结果，实训基地价值的生成是利益相关者之间互动的结果，是不同价值取向由不协调到相互靠拢的一个变化性的调节过程。

建立有效的价值平衡机制，促进价值生成的实现。实训基地建设过程中，建设主体在面对和解决各种矛盾冲突时表现出了不同的价值立场与价

值倾向,尤其是校企双方。学校始终遵循的价值取向是实现教育教学任务,改善学生的专业知识结构,提高学生的实践动手能力,提高毕业生就业率,提高办学效率,赢得社会的认可与支持。企业以实现利益最大化为价值取向,开发产品,提升服务,提高企业竞争力,抢占市场先机。只有通过价值平衡途径方能推进建设主体进行高效的合作发展。建立价值平衡机制首先必须承认建设主体不同的价值取向建立妥协机制;然后以此为平台,成立一个协调各方建设主体矛盾的中介,形成调停机制;最后制定合理有效的制度来维持这种平衡,形成合作机制,并且这种机制需要得到各方主体的认可,建设主体也要积极遵循。

完善相关法律法规,为实训基地的价值生成提供良好的法制环境。实训基地建设是高职院校、政府与各行各业等建设主体一起参与的动态发展过程,各方的价值取向呈现差异性、体系性与发展性的特点。必须建立有效的法律法规,保障不同参与主体不同价值取向的实现,如此,个体差异性的实现才能保证实训基地整体功能的发挥,从而保证实训基地价值的有效生成。另外,还要通过法律政策等途径体现主体价值取向的动态改变,做出及时的调整与反馈,这样实训基地才能及时掌握信息,适时调整价值平衡机制。

二、建设多类型实训基地

我国要建设多类型的实训基地,不同的高职院校要采用适合本校的基地模式,从而推进高职教育的发展。在四种实训基地中,教学型与教学生产型主要集中于校内,而生产型与生产教学型主要集中于校外,因此我们从校内与校外两个角度来探索实训基地建设模式的有效策略。

（一）校内教学型实训基地建设策略

首先，校内教学型实训基地要有总体的规划与管理。我国教学型实训基地主要是由学校作为主体兴办的，因此高职院校要总揽全局进行规划，对实训基地的建设进行整体布局，使学生在接受一般性基础技能训练的基础上，其创新精神也受到一定程度的启发，进行创新性研究。对高职院校校内教学型实训基地的管理应以实训中心为核心，进行基地的总体建设、教学活动的安排等。实践教学的管理要突出实践性和时代性，建立实训教学监控体系，对实训进行过程控制，对实训教材实用性进行实时监督，如此才能充分发挥这种实训基地模式的实践教学功能。其次，完成专业与职业之间的衔接。校内教学型实训基地要实现专业与职业之间的对接，打破专业与职业不对口的局限性。该实训基地要尽可能弥补企业无法参与的不足，其建设应有高度仿真性，按照企业的生产流程进行实践教学，贴近行业生产与服务，展开模块化教学，使各项任务与完整的工作流程有机结合。因此，校内教学型实训基地要以类似公司运营的方式管理，真实地、完整地营造实训环境。这种实训基地模式要努力实现实践工作的完整性，实现现场操作专业与市场职业的对口衔接，这样才能真正完成其实践教学的任务。再次，校内教学型实训基地要自力更生，合理进行资金投资，充分利用现有资源，避免造成资金与资源的不必要损耗。此类高职院校要发掘现有实训资源的价值，例如很多高职院校都是由原先的中等职业技术院校升格而来的，这些院校都有比较好的实训办学条件。高职院校要在最优化使用实训资源的前提下，通过较少的投入更合理地建设实训设施设备，改善实训基地的办学条件，提高学生的教学实践能力，完成此类实训基地类型的教学任务。最后，校内教学型实训基地在自力更生的基础上，要争取投资方式的多样化,实现可持续发展。因为实训基地的建设需要一定的时间才能完成,在基地建设伊始就已经投资购买实训设备,在基地完成建设后,实训设备便会不可避免地有一定程度的陈旧与落后。这些设备随着日后的不断重复利用将会逐渐被淘汰。这样的情况就需要进行基地的再建设,投资方式的多样化便迫切需要解决,实现这个目标的途径之一是吸引企业的资金投入,通过校企结合之途径,与企业共同负责实训设备的更新。另外一条途径是高职院校要有"自我造血"功能,产学研相结合,自产自销,改变单纯"输血"式的模式。

(二)校内教学生产型实训基地建设策略

首先,实现校内教学生产型实训基地的生产性。校内教学生产型实训基地除了要有总体的规划管理之外,还要保证其生产性,发挥该模式的独特优势。要实现高职院校产业化,改变实训基地在资金与技术等方面的被动状态,实现可持续发展,实现校内教学生产型实训基地的生产型特点,应以市场经济为导向,适应社会转型期对高技术应用型人才的渴求。对于设施设备先进、技术含量高的实训基地,高职院校应当给予鼓励。此外,高职院校要改变单纯依靠政府所拨教育经费建设实训基地的局面,形成"自我造血式"的管理模式,由只支不收转为收支相当,即由高职院校纯投入转为投资与收益并举,如此高职院校便能"自负盈亏",服务于实训基地的再建设与健康持续发展。为了保证这种实训基地模式的生产性,高职院校应当实行类似于企业的经营管理模式,制定类似的条例、规章制度。例如,对类似于企业员工的学员进行奖惩,学员若在规定时间内完成生产或服务的任务,并且创造性地研发出新产品,实训中心要给予学员或研究小组奖励,鼓励其继续发挥创新精神,为基地发展做贡献;而针对那些不思进取、无视实训的学员，必须对其批评和惩罚。校内教学生产型实训基地要勇于创新，找准市场入口，在激烈的、优胜劣汰的市场竞争中接受市场的检验。采用网络媒体、广告等手段进行宣传，以品牌效应扩大高校实训基地产品或服务知名度，寻求市场的认可，实现"以产促学、以产养学"的良性态势，真正做到产学结合。其次，要发挥校内教学生产型实训基地的"运行"载体功能。这种实训基地教学型与生产性结合的特点是高职院校与企业信息结合的纽带与桥梁。该模式下的实训基地调研人员能够获取市场信息，了解行业企业的发展动态与人才需求信息，然后把这些信息反馈到教学活动中去，促进教学改革，提高教学质量。适合市场需求的高效教学成果不仅应用到实训基地自身的生产与服务中，同时也输入到企业中，继而转化为企业的生产力，开发出适合市场的产品。

（三）校外实训基地建设策略

首先，在校企合作建设校外生产型与生产教学型实训基地中，高职院校要选择合理的企业作为合作对象。高职院校在选择合作企业的过程中要独具慧眼，在相关专业领域，拥有先进实训条件和高端技术的企业应成为首要选择的合作目标。鉴于企业发展的区域性，合作企业的选择应考虑到不同地区企业的发展水平，只有满足一定条件的企业才能成为校企合作的企业主体，只有具有一定规模并且掌握先进高端技术的企业，才能满足实训基地建设中对实体资源即实训场所的需求，同时也才有资格提供有效的内部资源。在选择合作企业时要以坚持实训条件的先进性为原则，扩大搜寻范围，沿海地区与内陆地区相结合，大城市与小城市相结合。其次，积极推广，提升企业参与的积极性。高等职业教育的宗旨是为地方经济服务、满足地方经济需要。因此，从高职院校自身角度考虑，加大职业教育推广力度，让全社会了解高等职业教育在推动地方经济发展中的关键性作用，尤其是让更多的企业认可高等职业教育，这样才能让企业积极主动地参与到推广和宣传职业教育当中去，变被动为主动。同时，高等职业院校知名度极大提升后，地方政府也会给予其更多的支持，参与到实训基地的投资建设中，或间接通过财政等经济手段鼓励企业，间接对实训基地建设进行投资。最后，要开发校企共建实训基地多种专业的实训功能，满足高职院校多专业的实训场所诉求，在确保实训基地生产开发和服务的基础上提高实践教学质量。校企共建生产教学型实训基地不应该只满足一个专业的使用，而应该发挥它的多专业功能，做到一个专业开发多个专业受益。很多高职院校的专业虽然不一样，但它们的实训基地可以联合建立。例如，针对计算机专业，高职院校应与大型的计算机公司合作共建实训基地，同时计算机公司也是一个企业，需要企业管理，同样的实训基地也能对管理类专业学生进行培训。

（四）完善实训基地制度

要实现共同管理制度，高职院校实训基地建设走利益均衡化道路。实训基地制度的制定是高职院校、政府与企业行业等利益相关者互相妥协的结果，多方建设主体的利益关系影响实训基地制度的制定与实施，反之，实训基地制度约束着各方建设主体。目前，基地建设主体之间尚未构成均衡化局面，高职院校与行业企业没有建设和管理的决策权，利益的不均衡化导致实训基地的建设无法受各方建设主体的共同管理，因此，要改变只有政府是基地管理主体的局面，高职院校与行业企业也应是管理主体，实现多元主体管理，并担负起与各自角色相应的职责。政府加大对实训基地建设的资金投入，高职院校与行业企业应努力建立健全的管理制度。在制定相应的管理制度时，要明确参与者的权利、责任与义务，实现资源的整合与优化配置。加强实训教师管理制度建设，制定《实训教师管理条例》，对教师的专业知识能力、实践教学能力、教师素质等做出严格的规定；制定《学生管理条例》，明文对学生的责任义务、行为举止等做出规范；制定《实训教学管理条例》，对实训教学计划、教学目标、课程安排与成绩考核等做出规定；制定《实训工具管理办法》，确保实训实习设备的合理有效利用；制定《安全操作制度》，保证实训活动的安全性。在制定实训基地制度的过程中，政府要通过合理的政策举措引导、促进实训基地的稳定持久发展。政府要充分发挥经济政策优势，加大对实训基地建设的资金投入，在经费上给予支持，把实训基地的建设经费列入财政预算，为实训基地的建设提供资金保障。政府通过一定的税收优惠政策等号召各行各业积极加入实训基地的建设中，组织一系列企业职工培训工作，加快校企合作的步伐。

（五）完善实训基地课程建设

首先，设置综合实训课程。课程一般都是围绕某一学科知识，而综合实训课程是一种新型的实训课程模式，是对专业理论知识、实践技能以及职业素质进行综合训练的课程。设置综合实训课程要以社会需求为主，根据企业不同的职业能力要求安排实训课程。其次，开发综合实训课程教材。综合实训课程以培养学生的综合实践技能为主要目标，课程的实践性与专业性比较强，因此，教材的开发除了要注意课程的综合实践性外，还需要实训教师参与到社会生产与服务一线，以社会发展的需求为导向，以企业职业能力的提高为要求，开发综合实训教材。教材的形式除了传统的纸质教材外，还可以开发电子类教材，以便根据社会需求的变化做出适时的调整。最后，健全实训课程评价体系。第一，在建立实训课程评价体系时，要考虑高职教育与普通教育的区别，不同院校专业设置的差异，以及学生年龄结构、兴趣爱好的不同。第二，评价体系除了要遵循共性的标准外，还要有一定的灵活性。评价体系下的评价指标不能成为实训教师与学生发挥创新能力的束缚，要依据个性适时调整实训课程的评价标准。第三，评价内容要以市场的需求为依据，按照企业岗位的职业能力要求确定评价内容。第四，要有多个评价主体。普通教育课程评价体系以教师评价为主，学生只是单纯处于被评价的地位，实训课程评价体系要把教师与学生都作为评价主体，体现评价体系的公平性。

三、实训基地建设推动"双师型"教师团队建设

"双师型"教师需要具备多种能力。要掌握扎实的专业理论知识与实践技能，除了专业对口的学历证书外，还要有相应的职业资格证书。能够编纂实训教材，进行实训课程设计，制订实训教学计划。要有优秀的社会交往能力。不仅可以和学生构建和谐的师生关系，指导学生参加社会实践活动，还可以与企业管理者构建优良的协作关系。提高管理能力。首先要拥有班级管理能力，完成正常的班级教学活动，其次要懂得企业管理，在实训教学中，可以充当企业管理者的身份，在高度仿真的实训氛围中提高学生的职业技能与岗位适应能力。

(一)在企业中吸引"双师型"教师加入团队

在高职院校中，有实践教学经验的教师非常稀缺，企业中掌握实践技能的师傅可以成为实训教师的来源之一，丰富实训师资队伍。另外，来自企业的师傅对本校教师产生了潜移默化的影响，使他们认识到自身劣势，增强了危机感，激发了他们学习实践技能的急迫感。在本校教师与企业师

傅交流学习的过程中，各自的实践能力或者专业知识水平都会有所提高。例如，高职院校安排教师与师傅共同管理班级，实行理论实践一体化的教学模式，互学互助，共同进步。

（二）通过实训基地推动校内培养"双师型"教师

在我国高职院校实训基地中，实训教师需要不断内化新知识、增进专业能力、改善工作状态、提升职业道德，这个过程称之为"教师专业发展"。教师专业发展本质是改善教师队伍的质量，提高职业的专门化程度。高职院校应当成立实训教师专业发展组织，即"校本教师专业发展共同体"，提供实训教师提高实践能力的充足机会，鼓励其提高自己的实践教学水平。校本组织首先要提高实训教师进入的门槛，在学历、知识、实践能力、教师素质等方面严格把关；可以组织专业知识讲座、培训以及知识竞赛等提高教师素质，改善师资队伍；通过工资上调等方法鼓励教师提高学历级别；开展有效的绩效考核。奖优罚劣，对教师起到鞭策作用。

同时，强化校内教师平台，呈现梯队性建设。实训教师的职称与操作技术要呈现一定的梯队性，即层次的递进。例如，实训教师的职称级别设立助理级别、实验师级别以及高级实验师级别，关于评定操作技能的级别设立初级、中级、高级、技师以及高级技师。为实训教师提供梯队性的级别平台，可以激发他们成长的动力。

四、实训文化建设推动"双师型"教师团队软实力提升

实训基地的建设是高科技时代对高职教育质量提升的要求，实训文化是实训基地建设活动的产物，因此实训基地文化体现时代性。实训基地文化要顺应经济的发展、科技的进步、市场的需求与企业的渴望，与时俱进，

保持与时代前进的同步性。实训设施设备要及时更新换代，改造或废弃陈旧设备，引进先进的设备为实训教学提供高度仿真的实训环境，构建先进的物质文化。实训制度、实训师素质、学生实训意识等都要以时代的发展为依据，顺应时代发展潮流，保证实训精神文化的先进性。

在实训基地文化的建设过程中，各个主体与学生行为规范是促进实训基地文化发展的一个重要因素。政府作为实训基地制度的制定者，要以为人民服务为宗旨，以实训基地建设者与学生的利益为出发点，树立政府的"公仆"形象；企业是实训基地建设的重要利益相关者，企业形象与企业中人员的行为规范对实训基地建设是否能顺利进行影响颇大；高职院校作为非营利社会组织，要以"公益性"作为办学原则，以此来规范其办学与管理行为；学生进入实训室要有良好的言行举止，勤奋实干，努力学习实践技能。"双师型"教师在实训教学中，要做到以身作则，言传身教。

完善实训制度文化，为实训基地文化提供制度保障。在实训基地建设过程中，实训基地建设流程需要实训实习规章、实训设施管理、档案管理、操作制度等规章制度来规范。以文化的角度审视制度，把制度与文化融合起来，制度文化的缺陷会严重影响实训基地文化建设，比如管理制度不合理，会导致管理人员无责任心，影响实训室的管理质量，不利于实训教学的顺利开展，导致实训基地文化建设整体水平低下。完善实训基地制度文化有助于营造一个良好的教学环境，为实训基地的文化建设提供制度平台。

五、加强实验实训室建设有利于"双师型"教师团队专业化建设

经济的快速发展、产业结构的优化升级使实验实训室的建设面临更严峻的挑战。目前，实验实训室的数量已经有一定的规模，质量建设成为当

下之急。实训基地建设主体要以质量为理念，合理分工，提高建设效率，追求实训室的内涵式发展，改变以往外延扩张的局面。提高实训室的建设质量，可以通过改善实训设备质量、提高实训教师素质、提升教学质量、加强实训室管理等方式实施，以质求胜，促进实训室的长久稳定发展。

在高职院校实训基地的建设过程中，高职院校、行业企业与政府都是建设的主要参与者。然而，不同的建设主体有不同的利益诉求点，这就导致了在实训基地的建设过程中会有众多的利益分歧点，在实验实训室的建设与使用方面会有众多的矛盾，实训基地建设委员会的成立是调解各部门矛盾的重要途径之一。建设委员会的成员应当包括高职院校、行业企业与政府的专业人员，他们共同有效地管理实验实训室，促进实训室的持久健康发展，发挥其在实训基地中的作用，保障高职教育实践教学的有序运行。实训室建设委员会应着手以下几个方面：在遵循实训基地核心价值目标的前提下，对实训室的建设做出整体的规划与实施方案，提出合理的建议；对实训室设施设备进行合理采购与管理；为实训室寻找并推荐企业技术人员进行授课；对实训设备的建设质量进行全方位监督。

实训室指导委员会的工作职责及工作方式可以通过制度的形式予以规范与保障，可以定期举行调研活动，并通过召开委员会会议的方式对实训室建设的现状与问题予以讨论，对参与实训设备建设的各个部门的工作情况进行总结与分析，并做出相应的工作调整。例如，广东江门职业技术学院成立的基地建设委员会由高职院校、行业企业与政府成员组成，对实训室的建设进行规划与指导，提高了本校实训基地的建设发展质量。

进入 21 世纪以来，我国越来越重视职业教育，国家教育部门更是把高职教育作为发展重点。为了贯彻落实《国家中长期教育改革和发展规划纲要（2010—2020年）》，持续推进我国职业教育改革，不断提升职业教育的吸引力，更加有效地实施校企合作、产教结合，就必须从根本上解决阻碍我国职业教育发展的"瓶颈"。所谓的"瓶颈"，是指现阶段制约我国职业教育发展（速度、规模、质量等）的环节性因素。实践表明：制约我国职业教育发展的首要"瓶颈"就是职业教育实训基地建设如何能够健康、稳定与可持续发展的问题。对高职院校来说，该难题的表现最为明显。毫无疑问，对高职院校实训基地建设的基本问题展开深层次理论探究有助于从根本上搞清楚高职院校实训基地建设健康、稳定、长久发展的问题。

高职院校实训基地建设的基本问题应是贯穿实训基地建设发展始终的一条线索，只有明确了这条线索，才能对实训基地建设有更进一步的后续研究。本书正是在国内外研究的基础上，遵循基本问题的研究规律，对实训基地建设的价值、类型以及资源进行了分析，并提出了实训基地建设的一些实用性策略，希望对我国高职教育的发展做出一定的贡献。相关专业能力的不足以及时间的有限导致了关于实训基地基本问题的探究还不全面，层次也不够深入，有许多不足之处，需要更多的探讨。

参考文献

[1] 蒋新革，等．新时代高职产教融合路径研究 [M]．广州：广州中山大学出版社，2021：4．

[2] 秦凤梅．职业教育产教融合质量评价探索 [M]．重庆：重庆大学出版社，2021：9．

[3] 胡拥军．产教融合 [M]．长沙：中南大学出版社，2019：8．

[4] 杨香春，胡菊，梁芳．乡村振兴背景下产教融合培养园林专业应用型人才的实践探析：以玉林师范学院为例 [J]．现代园艺，2023（9）．

[5] 田洪刚．乡村振兴背景下"产教融合"助推黔东南县域农特产品品牌设计实践教学研究 [J]．现代园艺，2022（13）：183-185．

[6] 姚佳，王志蓉，郧秀杰．产教融合背景下高校服务乡村振兴的路径分析 [J]．新教育时代电子杂志（教师版），2022（3）：90-92．

[7] 宋金秋，李晖．"乡村振兴"背景下高职涉农专业产教融合的课程体系研究 [J]．内江科技，2022（2）：126-128．

[8] 史雅洁．乡村振兴与新农科建设背景下地方农林高校产教融合协同育人模式研究 [J]．智慧农业导刊，2023（7）：110-113．

[9] 朱顺莲，黄群娇，王年英．"乡村振兴"背景下地方本科院校产教融合实施与效果分析：以广西民族师范学院为例 [J]．广西民族师范学院学报，2022（4）：37-44．

[10] 李莉，吴曦，廖春跃.乡村振兴战略背景下高职院校产教融合电子商务人才培养模式现存问题与对策建议：基于对300份有效问卷的分析[J].智慧农业导刊，2023（7）：134-138.

[11] 吴森，柳军.乡村振兴背景下农业院校人才培养改革探析：基于产教融合的视角[J].粮食科技与经济，2019（2）：134-136，162.

[12] 李玉平，田培育，王戈，罗守冬，丛林滋，翟秀梅，蔡长霞，常顺.乡村振兴战略背景下产教融合培养新型职业农民的对策研究：以黑龙江生物科技职业学院为例[J].黑龙江水产，2022（1）：49-51.

[13] 孙志洁，郜春霞.乡村振兴背景下高职院校涉农专业产教融合实践教学研究：以商丘职业技术学院为例[J].商丘职业技术学院学报，2022（6）：49-52，96.

[14] 谢露静.职业教育产教融合理论与实践研究[M].成都：西南财经大学出版社，2020：9.

[15] 唐小艳.利益相关者视角下高职院校产教融合机制研究[M].成都：西南财经大学出版社，2019：8.

[16] 卢鸿鸣.产教融合的长沙模式[M].长沙：湖南科学技术出版社，2020：8.

[17] 王琳霞."乡村振兴＋产教融合"背景下高素质技术技能人才共育机制研究：以旅游类专业为例[J].旅游纵览，2021（7）：118-120.

[18] 任桂婷.乡村振兴下的产教融合模式路径研究[J].中国农业资源与区划，2022（8）：217，257.

[19] 张旭刚.乡村振兴视阈下农村职业教育产教融合质量评价体系构建[J].职业技术教育，2020（31）：48-53.

[20] 邓兰生，涂攀峰，张立丹，沈宏，姬静华，喻建刚．乡村振兴战略下涉农专业产教融合实践教学路径探索与实践[J]．安徽农学通报，2021（15）：201-204．

[21] 吴佳欢，张钊，杨俊，尹汉雄．"互联网＋乡村振兴"背景下高等职业教育师生协同产教融合育人模式研究[J]．乡村科技，2019（25）：21-22．

[22] 田真平，谢印成．乡村产教融合型企业的内涵、特征和培育路径研究[J]．江苏理工学院学报，2020（5）：59-65．